KB049959

자동화와 노동의 미래

First published by Verso, the Imprint of New Left Books

AUTOMATION AND THE FUTURE OF WORK by Aaron Benanav

All Rights Reserved.

This edition published by arrangement with Icarias Agency, Seoul.

© 2022, Chaeksesang Publishing Co. for the Korean edition.

Automation and the Future of Work

자동화와 노동의 미래

탈희소성 사회는 어떻게 실현되는가?

아론 베나나브 지음 | 윤종은 옮김

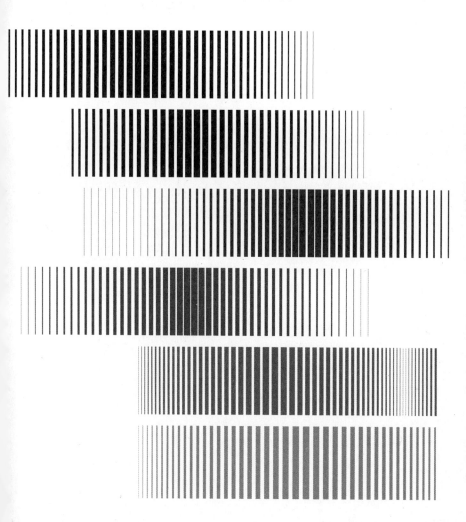

책세상

서문

인터넷과 스마트폰, 소셜 미디어는 우리가 소통하고 세상을 이해하는 방식을 뒤바꿔놓았다. 이런 디지털 기술이 스크린을 빠져나와 우리가 딛고 있는 물리적 세계와 점차 융합한다면 무슨 일이 일어날까? 최첨단 산업용 로봇이나 자율주행 자동차, 지능형 암진단장치가 안락한 미래를 약속하는 듯하지만 마음 한구석에서는 불안이 피어오른다. 미래에 결국 완전에 가까운 자동화가 실현된다면 '인간'은 무엇을 할 수 있을까? 지능형 기계가 이끄는 미래가 인간의 자유라는 꿈에 다가갈 수 있게 사회제도를 뜯어고칠 수 있을까? 대규모의 기술적 실업technological unemployment이라는 악몽이 그 꿈을 대신하는 것은 아닐까?

나는 2019년《뉴레프트리뷰New Left Review》에 발표한 두 논문에서 자유주의, 우파, 좌파 진영이 너나없이 새로운 자동화 담론을 제기한다는 사실을 지적한 바 있다. 자동화 이론가들은 내가 앞에서 언급한 것과 비슷한 질문을 던지며 과감한 결론을 내놓는다. 머지않아 과학기술 발전에 따른 대규모 실업이 발생해 대다수가 입에 풀칠할 돈도 벌지 못하는 상황이 벌어질 것이며, 이를 막을 방법은 보편적 기본소득universal basic income 뿐이라는 주장이다.

이 책은 오늘날 자동화 담론이 다시금 각광받는 이유를 전 세계가 공통으로 겪는 문제에 대한 설명을 제시한다는 점에서 찾는다. 그 문제란 일자리가 충분하지 않다는 것이다. 전 세계가 만성적인 노동저低수요에 시달린다는 사실은 고용 없는 경기회복, 정체된 임금수준, 만연한 고용불안 같은 경제 동향에서 여실히 드러난다. 불평등이 심화되면서 나타나는 일련의 정치 현상 또한 이를 뒷받침하는 근거다. 포퓰리즘과 금권정치, 새로운 디지털 엘리트 계층의 등장이 그 예다. 디지털 시대를 이끄는 신흥 엘리트들은 바다 위에 독립된 인공 도시를 세운다거나 화성으로 가는 로켓을 만들어 온난화된 지구에서 탈출할 계획을 세우면서도 뒤에 남겨질 디지털 소작인 계층의 삶을 개선하는 데는 관심을 두지 않는다.

캘리포니아주 오클랜드에는 노숙자와 실업자가 넘쳐나는 반면, 그로부터 불과 몇 킬로미터 떨어진 프리몬트Fremont 에서 로봇들이 테슬라의 공장을 가동하는 광경을 보면 자동화 이론가들의 말에 고개가 끄덕여진다. 그러나 과학기술이 급속도로 발전해 일

　　　　　　　　자동화와 노동의 미래

자리를 파괴한다는 주장은 결코 사실이 아니다. 노동저수요는 미국과 유럽연합을 줄곧 괴롭혀왔으며, 남아프리카공화국이나 인도, 브라질 같은 신흥국에는 더욱 심각한 악영향을 끼치고 있지만 그 원인은 자동화 이론가들의 생각과 정반대다.

자동화 담론의 가정과 달리 노동생산성이 개선되는 속도는 빨라지기는커녕 오히려 떨어지고 있다. 다른 조건이 그대로였다면 노동생산성 증가율이 감소함에 따라 노동수요가 늘어났겠지만, 문제는 경제성장의 둔화라는 더 중대한 위기가 동시에 나타났다는 데 있다. 마르크스주의 경제사학자 로버트 브레너는 최초로 이 현상을 분석하여 '장기 하강long downturn'이라 명명했고, 주류 경제학자들은 뒤늦게 여기에 '장기 침체secular stagnation', '일본화Japanification'라는 이름을 붙였다. 장기 침체의 원인은 지난 수십 년간 제조업 부문의 수요에 비해 생산 설비가 과도하게 늘어나는 생산능력 과잉overcapacity이 발생해 성장 동력이 떨어지는 가운데, 제조업을 대신할 만한 대안을 찾지 못했다는 데 있다. 서비스 부문은 성장 속도가 느리고 생산성이 낮은 활동이 주를 이루는 만큼 제조업을 대신할 수 없었다.

결국 전 세계에서 노동수요가 줄어든 것은 과학기술의 발전으로 일자리가 사라졌기 때문이 아니라 경제성장이 둔화되면서 일자리가 만들어지는 속도가 느려졌기 때문이다. 존 카펜터 감독의 영화《화성인 지구 정복》에는 광고에 숨은 진실을 보여주는 안경이 등장한다. 이런 안경을 쓰고 우리가 사는 세상을 둘러본다고 상상해보자. 그 세상은 번쩍거리는 최신 자동화 공장이나 가정용 탁구 로봇이 아니라 무너져가는 인프라와 탈공업화된 도시, 격무에 시달리는 간호사와 임금을 제대로 못 받는 회사원, 그리고 투자처를 찾지 못한 대규모 금융자본으로 가득 차 있을 것이다.

각국 정부는 지난 50여 년간 경기를 되살리겠다는 명분을 내세워 국민에게 긴축을 강요했고, 학교와 병원, 대중교통망과 복지정책에 들어가는 예산을 삭감했다. 이와 함께 초저금리 시대가 열리면서 정부와 기업, 가정은 전에 없는 막대한 부채를 떠안았다. 1990년대 말, 미국 연방준비제도이사회 의장 앨런 그린스펀은 당시 한창이던 닷컴버블에 대해 경제 주체들이 미래의 디지털 기술에 투자하기 위해 빚을 내는 것이라 말했지만 현실은 그렇지 않았다. 기업들은 자산을 담보로 주주에게 보상을 나눠준 반면, 빈곤층은 생계를 위해 돈을 빌려야 했다.

이 같은 추세가 계속된 결과, 세계경제는 열악하기 짝이 없는 상태로 역사적 위기를 맞았다. 바로 코로나19에 따른 불황이다. 낙후된 의료 체계는 넘쳐나는 환자를 감당하지 못했고, 아이들에게 필수적인 영양을 공급하고 부모들에게는 꼭 필요한 보육 서비스를 제공하던 학교는 문을 닫았다. 팬데믹 초기, 부채가 많은 기업들의 주가는 대공황 이후 가장 빠른 속도로 곤두박질쳤다. 전 세계에서 실업이 늘어나는 가운데 미국의 실업률이 천정부지로 치솟았고, 상당수 인구가 식료품과 의료, 주거 비용을 낼 수 없는 처지에 놓였다. 각국 정부는 대규모 통화 정책과 재정 정책을 시행하고 있지만 쇠약해진 경제가 충격에서 빠르게 회복하기는 어려워 보인다. 길게 보면 코로나19에 따른 불황은 장기간 이어진 경제 불안과 불평등에 기름을 붓는 격이 될 가능성이 높다.

우리가 자동화 담론에 주목해야 하는 것은 이런 이유에서다. 자동화 이론가들은 디스토피아에 가까운 세상에서 유토피아에 이를 가능성을 찾는다. 이번에는 진실을 보여주는 안경을 쓰는 대신, 자동화 이론가들이 꿈꾸는 환상의 세계로 잠시 떠나보자. 그곳에서 우리는 오늘날 불황의 희생자들과 달리 적게 일하면서도 생활에 필요한 모든 것을 누리며, 사회 활동에서 배제되지 않고도 가족과 더 많은 시간을 보낸다. 노인들은 병상에서 죽어가는 대신 옷처럼 입는 로봇인 외골격 슈트exoskeleton를 착용하고 공원에서 조깅을 한다. 하늘은 미세먼지 없이 맑고 깨끗한데, 공장이 문을 닫거나 사람들이 더 이상 자동차를 타지 않아서가 아니라 전 세계가 재생에너지로 빠르게 전환한 덕분이다. 외골격 슈트를 제외하면 이 모든 상상은 지금도 우리의 노력에 따라 현실이 될 수 있다. 설령 완전 자동화가 불가능할지라도 우리는 자동화 이론가들이 염원하는 탈희소성post-scarcity 사회를 실현할 힘을 이미 손에 쥐고 있다.

나는 두 가지 이유로 이 문제에 관심을 갖게 되었는데, 하나는 어린 시절과, 다른 하나는 최근의 일과 관련이 있다. 여러 자동화 이론가들과 마찬가지로 나는 1980년대와 1990년대에 SF 소설을 읽고, 과학기술의 발전으로 공산주의가 실현된 미래 사회와 우주를 누비는 인물들을 그린 SF 드라마 〈스타트렉: 더 넥스트 제너레이션〉을 보며 자랐다. 내게 이런 흥미를 불어넣으신 아버지는 자동화 분야의 연구자였다. 1990년대에 스타트업 열풍이 불어닥치자 아버지는 동료들이 그랬듯 학계를 떠나 사업에 도전했다. 하지만 당시 사업으로 큰돈을 번 사람은 소수에 지나지 않았고, 대다수 인터넷 스타트업이 파산하면서 과로에 시달리던 기술자들은 노력에 걸맞은 보상조차 받지 못했다. 그리고 나는 고등학생 시절 여름방학마다 아버지를 따라 여러 기업에서 인턴으로 일하며 HTML과 자바스크립트를 배웠다. 하지만 디지털 경제에 종사하는 한 행복을 누리기 어려우리란 생각이 들었고, 대신 현대 경제의 성쇠를 좌우하는 양대 요인인 경제성장과 실업의 역사를 공부하기로 마음먹었다.

이후 나는 2008년 세계 금융 위기의 여파로 등장한 새로운 사회운동에 뛰어들었고, 출판·토론 단체 엔드노츠Endnotes의 동료

자동화와 노동의 미래

들과 대화하고 협업하며 당시의 경험을 온전히 이해하려 애썼다. 당시 동료들과 함께 익명으로 쓴 텍스트들은 이 책에서 다루는 내용에도 많은 영향을 끼쳤다. 그리고 이 과정에서 만난 두 평론가 닉 서르닉과 알렉스 윌리엄스는 자동화 이론가들이 구축한 지식 생태계를 접할 계기를 마련해 주었다(2015년에 나온 두 사람의 책《미래를 발명하다Inventing the Future》는 좌파 진영의 자동화 담론을 대표하는 저작이다). 이들과의 만남은 어린 시절 품었던 SF에 대한 애정을 되살리는 동시에 미래를 보는 시각을 바꾸어놓았다.

그 후 자동화 이론가들의 책을 하나하나 읽고 유토피아를 다룬 고전 SF 작품들을 참고하며 관련 서적을 정리하는 동안 나는 한 가지 확신에 이르렀다. 자동화 이론가들은 탈자본주의post-capitalist 사회의 논리와 체계를 구상하고 그에 이르는 길을 상상하는 데서 누구보다 많은 성과를 남긴 집단이다. 비록 자동화 이론가들이 오늘날의 위기를 설명하는 방식에는 동의할 수 없었지만, 그들이 제시하는 미래상은 내가 품고 있던 막연한 생각과 비할 바가 아니었기에 나는 자동화 담론을 본보기 삼아 나름의 관점에서 청사진을 그리고자 했다. 그 결과로서 이 책은 완전 자동화를 이루지 않고도 탈희소성 사회에 도달할 가능성을 모색한다. 자동화되지 않고 인간의 몫으로 남겨진 일을 함께 나누어 노동의 존엄과

자율성, 목적의식을 되살리되, 노동을 사회적 존재social existence[*]
의 핵심으로 삼지 않는다면 충분히 가능한 일이다.

또한 나는 자동화 담론을 해설하고 비판하는 과정에서 만성적
으로 노동수요가 낮아진 오늘날의 기원과 발달에 초점을 맞추며
지난 50년간 세계경제와 노동시장에 있었던 간략한 역사를 정리
했다. 그리고 노동수요와 관련한 시장 실패를 해결하기 위해 나온
대안 중 신자유주의 구조조정과 케인스주의의 수요관리 정책, 보
편적 기본소득을 살펴보고, 이 정책들을 평가하는 기준이 되어야
할 탈희소성 사회의 틀을 제시하고자 한다.

이 책을 쓰는 동안 모두가 인간답게 사는 미래를 만드는 길은
노동자 민중이 날로 심각해지는 노동저수요와 불평등을 거부하
고 나서는 데 달려 있음을 거듭 확신했다. 코로나19로 불황이 닥
치기 전까지 세계 각지에서 거세게 일어났던 투쟁이 최근 다시 고
개를 들기 시작했다. 이제는 이러한 투쟁들을 비롯한 사회운동에
동참해 변화를 향해 나아갈 때다. 사회운동이 실패한다면 기껏해
야 보편적 기본소득을 통해 사회 임금social wage을 조금 높이는 것
정도가 최선일 것이다. (일부 국가에서는 불황에 대처하고자 보편

---

* 마르크스가 역사유물론을 통해 제시한 용어. 역사유물론은 인간이 물질적 재화를 생산하는
  과정에서 맺는 관계의 총체를 '사회적 존재'로 규정하고, 이것이 사회의 토대인 경제 구조를
  이룬다고 본다.

자동화와 노동의 미래

적 기본소득을 시범 도입했다.) 우리는 이런 소소한 목표가 아니라 탈희소성 사회를 실현하기 위해 일어서야 한다.

많은 이가 보내준 우정과 격려가 없었다면 이 책은 세상에 나오지 못했을 것이다. 페리 앤더슨, 아리엘 엔젤, 엘리제 아킨드, 마크 아킨드, 미아 비치, 댄 베나나브, 이선 베나나브, 맨디 베나나브, 재스퍼 브레너, 마르텐 비외르크, 얀 브레먼, J. 다코타 브라운, 조니 버닝, 폴 체니, 고故 크리스토퍼 치티, 조슈아 클로버, 키아라 코르델리, 올리버 쿠센, 다니엘 덴버, 안드레아스 에케르트, 휴 패럴, 아돔 게타치우, 마야 곤살레스, 다라그 그랜트, 리 해리스, 게리 헬리겔, 조엘 아이작, 펠릭스 쿠르츠, 레이철 쿠슈너, 나탈리 레너드, 조너선 레비, 마르셀 반 더 린든, 롭 루카스, 닐 매클레인, 헨리 뮐하임, 잔 네톤, 메리 엘런 오브라이언, 크리스 오케인, 고故 모이쉬 포스톤, 테아 리오프란코스, 파블로스 라우포스, 빌 수얼, 제이슨 스미스, 모린 스미스, 율리아나 스파르, 조에 서덜랜드, 벤 타노프, 사라 와틀링턴, 수지 와이즈먼, 비에른 베스터가드, 가브리엘 위너트, 다니엘 사모라, 시카고 대학의 자본주의 역사 및 이론 워크숍과 연구자 모임 워크숍 참가자들에게 감사를 전한다. 연구하고 글을 쓰는 매 순간 지지를 보내준 클로이 와틀링턴, 로버트 브레너, 존 클레그, 샬럿 로버트슨에게 특별히 감사의 말을 전하고 싶다. 마지막으로《뉴레프트리뷰》의 편집자 수전 왓킨스, 톰 하젤딘, 엠마 파이겐바움, 롤라 시턴, 버소Verso의 편집자 덩컨 랜슬렘, 샘 스미스, 톰 하젤딘에게 (다시 한번) 감사를 전한다. 톰 하젤딘은 세상이 어수선한 와중에도 일정을 앞당겨가며 이 프로젝트를 추진해주었다.

클로이 와틀링턴에게 이 책을 바친다.

2020년 6월, 시카고에서

아론 베나나브

자동화와 노동의 미래

1장

자동화 담론

인공지능과 머신러닝, 로봇공학이 급격히 발달하면서 노동의 세계는 일대 변혁을 맞이한 듯 보인다. 테슬라 같은 기업들은 최첨단 기술을 갖춘 공장에서 이른바 '소등' 생산을 추진 중이다. 작업 공정이 완전히 자동화되면 사람 한 명 없는 불 꺼진 공장에서도 얼마든지 제품을 만들어낼 수 있다. 로봇 박람회가 열리면 탁구와 요리, 섹스는 물론 대화까지 가능한 기계들이 화려한 조명 아래 모습을 드러낸다. 컴퓨터는 바둑을 두며 새 전략을 짠다. 머지않아 컴퓨터가 쓴 교향곡을 들으며 눈물을 흘릴지도 모를 일이다. 의료계에서는 컴퓨터가 암을 진단하는 법을 학습하며, 법조계에서는 곧 소송 전략을 세우는 일에 컴퓨터가 투입될 예정이다. 트럭은 운전자 없이 미국 곳곳을 주행하는 법을 배우고, 로봇 개는 황량한 벌판을 달려 군사용 무기를 운반한다. 우리는 인간의 노동이 사라지는 마지막 순간을 목격하고 있는 걸까? '인간'(혹은 그중 가장 부유한 계층이)이 신에 필적하는 힘을 가지면 미국의 소설가 에드워드 벨러미가 '에덴의 칙령edict of Eden'이라 부른 자연법도 무의미해지지 않을까?[1]

그러나 한편으로는 이를 지나친 과장이라 볼 근거도 적지 않다. 로봇이 문을 열거나 빨래 개는 일도 제대로 못 하는 것을 보면 우습다 못해 안타깝다. 미국의 쇼핑몰에서는 순찰 중이던 경비 로봇이 넘어져 분수대에 빠지는 일도 있었다. 인공지능 기술로 작동하는 디지털 비서는 질문에 답하거나 문서를 번역할 수 있지만 인간의 도움 없이는 만족스러운 결과를 내놓지 못하며, 이는 자율주행자동차 또한 마찬가지다.[2] 2014년 미국에서 최저임금 인상을 요구하는 '15달러를 위한 투쟁Fight for Fifteen'이 한창일 때 샌프란시스코에서는 이 법안이 통과되면 패스트푸드 매장 직원을 터치스크린으로 대체하겠다고 위협하는 광고판이 세워졌다. 그러자《월스트리트저널》은 그 법안에 '로봇 고용법'이라는 별칭을 붙였다. 하지만 유럽의 패스트푸드 매장 직원들은 진작부터 터치스크린을 활용해왔으며, 같은 일을 하는 미국의 노동자보다 더 많은 임금을 받기도 한다.[3] 그렇다면 자동화를 둘러싼 이야기들은 부풀려진 걸까?

지금도 신문이나 잡지에서는 자동화의 공포를 한낱 흥밋거리로 삼곤 하지만 지난 10년간 자동화에 대한 논의는 영향력 있는 사회 이론으로 구체화되었다. '자동화 담론'이라 이름 붙일 수 있는 이 이론은 현재의 과학기술을 분석하고 잠재력을 예측할 뿐 아니라 과학기술의 변화가 사회 전반에 끼칠 영향을 탐구한다. 자동화 담론의 기본 전제는 크게 네 가지다. 첫째, 날로 발전하는 기계가 이미 노동자를 대체하고 있으며, 이에 따라 '기술적 실업'이 점점 심각해질 것이다. 둘째, 기계에 의한 노동 대체 현상은 완전에 가까운 자동화 사회가 눈앞에 있음을 알리는 신호이며, 앞으로는 자동기계와 지능형 컴퓨터가 거의 모든 노동을 수행할 것이다. 셋째, 자동화는 인류를 고된 노동에서 해방시키겠지만 구성원 대다수가 먹고살기 위해 일을 해야만 하는 사회에서 노동 해방의 꿈은 악몽으로 전락할 공산이 크다.[4] 넷째, 사유는 전혀 다르지만 2020년 코로나19 팬데믹 이후 미국에서 벌어진 것과 비슷한 대규모 실업 사태를 막을 유일한 방법은 보편적 기본소득을 도입함으로써 노동의 양과 임금수준 사이의 상관관계를 끊는 것이다.

기계들이 오고 있다

자동화 담론의 주 전파자는 자칭 미래학자들이다. 에릭 브린욜프슨과 앤드루 맥아피는 전 세계에서 널리 읽힌 저서《제2의 기계 시대》에서 인류가 "SF 소설에서나 보던 과학기술이 일상 현실이 되는 변곡점"에 이르렀다 말한다. 신기술은 엄청난 "포상"을 약속하는 듯하지만, 저자들은 "모든 노동자, 혹은 대다수 노동자가 기술 진보의 혜택을 누릴 것이라 말하는 경제 법칙은 어디에도 없다"고 경고하며 다음과 같이 주장한다. 새로운 기술이 활용되면서 노동수요가 줄어 임금수준은 제자리걸음인 반면, 한 해에 발생한 국민소득 가운데 노동이 아닌 자본에 돌아가는 몫은 점점 늘고 있다. 이대로 불평등이 심해지면 자산 소유자들이 임대료를 착취해 기술혁신을 저해하는 "자본주의의 실패 양상"이 나타나 새로운 "기계 시대"로 향하는 "인류의 여정을 가로막을 것"이다.[5]《로봇의 부상》의 저자 마틴 포드 또한 인류가 "경제 전반에서 노동의 필요성이 줄어드는 결정적 시점"에 다가서고 있다 말한다. 그는 "장기적으로 볼 때 가장 섬뜩한 시나리오는 현재의 세계경제 체제가 끝끝내 새로운 현실에 적응하는 것"이며, 그 결과 "자동화된 봉건제 사회"가 출현하여 "디지털 소작인 계층 대부분이 잉여로 전락"하고 엘리트 계층은 경제 수요와 무관하게 특권을 누리는 상황이 벌어질 수 있다고 우려한다.[6] 언급한 미래학자들은 자동화 사회에서 교육이나 직업 재훈련만으로 노동수요를 정상화할 수 없으므로 네거티브소득세negative income tax* 같은 제도를 통해 비근로소

자동화와 노동의 미래

득을 보장해야 한다고 입을 모은다.[7]

　청바지를 입은 실리콘밸리의 엘리트들은 자동화 담론에 열광적인 반응을 보여왔다. 가령 빌 게이츠는 인간의 일자리를 대체하는 로봇에게 로봇세를 매겨야 한다고 주장한 바 있다. 마크 저커버그는 하버드대학교 졸업식 연설에서 "보편적 기본소득과 같은 아이디어를 탐구해야 한다"고 말했고, 일론 머스크는 로봇이 인간보다 우위를 보이는 직업 분야가 늘어나면서 보편적 기본소득이 점점 더 '필요할' 것이라 전망했다.[8] 일론 머스크는 스페이스X의 드론 선박에 '물론 여전히 널 사랑해', '일단 설명서를 읽으시오' 같은 이름을 붙였는데, 이는 영국 SF 소설가 이언 M. 뱅크스의 '컬처Culture' 시리즈에 나오는 우주선에서 따온 것이다. '컬처' 시리즈는 유토피아처럼 보이지만 관점에 따라 달리 볼 수 있는 탈희소성 사회를 다룬 작품으로, 인간이 '마인드mind'라는 이름의 인공지능 로봇과 공존하며 시장이나 국가 없이도 풍요롭게 사는 세상을 그린다.[9]

　정치인들과 참모들 역시 '미래 디지털 사회'의 지배적 견해로 떠오른 자동화 담론에 공감을 나타낸다. 버락 오바마 전 미국 대

---

* 부負의 소득세, 역소득세라고도 하며, 납세가 면제되는 저소득층에 정부가 일정 수준 보조금을 지급하는 제도.

통령은 퇴임 연설에서 "앞으로 찾아올 경제적 혼란"은 해외 무역이 아니라 "자동화가 걷잡을 수 없이 진행되어 중산층의 좋은 일자리 다수를 없애는 상황"에서 비롯되리라 전망했다. 빌 클린턴 행정부에서 노동부 장관을 지낸 로버트 라이시 또한 "과학기술이 단순직과 전문직을 막론하고 대다수 일자리를 대체함에 따라 보편적 기본소득 개념을 진지하게 고민할" 시점이 머지않았다며 비슷한 우려를 표했다. 클린턴 행정부에서 재무부 장관을 역임한 로런스 서머스는 한때 기술적 실업 문제를 '터무니없는' 걱정으로 치부했지만 노동자의 임금수준이 정체되고 불평등이 심화되는 것을 보며 점차 생각을 바꾸게 되었다고 인정했다. 자동화 담론은 2020년 미국 대선 과정에서도 화두에 올랐다. 오바마 행정부에서 '글로벌 기업가정신 대통령 사절'을 지낸 앤드루 양은 민주당 경선 후보로 나서서 자동화 담론을 기반으로 과감한 캠페인을 펼쳤다. 자동화를 다룬 책 《보통 사람들의 전쟁》의 저자이기도 한 그는 '인류 먼저Humanity First'라는 슬로건하에 미래학적 관점을 반영한 공약을 내걸고, 60여 년 만에 보편적 기본소득 개념을 미국 주류 정치에 재등장시켰다. 앤드루 양의 지지자 가운데는 미국 서비스노동조합의 조합장을 지낸 앤디 스턴도 있었는데, 그 또한 《노동의 미래와 기본소득》이라는 저서를 통해 자동화 문제를 논한 바 있다.[10]

자동화와 노동의 미래

앤드루 양과 앤디 스턴은 앞서 언급한 다른 저자들처럼 노동시장이 폐기되더라도 자본주의는 모습을 바꿔 살아남으리라는 확신을 피력한다. 그러면서도 두 사람은 보다 급진적인 자동화 담론을 제시하는 급진 좌파 사상가들에게 영향을 받았다고 인정한다. 닉 서르닉과 알렉스 윌리엄스는《미래를 발명하다》에서 "가장 최근에 밀어닥친 자동화의 물결"은 "경제 구석구석에 영향을 뻗쳐" 노동시장을 "뿌리째" 뒤흔들 것이라 전망하며, 오직 사회주의 정부만이 탈노동·탈희소성 사회를 건설함으로써 완전 자동화가 약속하는 미래를 현실화할 수 있다 주장한다.[11] 또 다른 좌파 자동화 이론가 피터 프레이즈는《시작된 미래》에서 자동화가 탈희소성 사회가 아닌 다른 결과를 가져올 가능성을 면밀히 밝힌다. 프레이즈의 분석에 의하면, 자동화가 노동의 희소성을 해결하더라도 사유재산과 자원의 희소성은 계속 유지될 수 있으며, 그럴 경우 탈희소성 사회와는 전혀 다른 미래가 펼쳐질 공산이 크다.[12]

세 저자는 자유주의 성향의 자동화 이론가들과 마찬가지로 로봇의 발전은 필연적이지만 인류가 "탈노동 사회로 나아가리라는 보장은 없다"고 보며, 보편적 기본소득의 도입에도 찬성한다.[13] 다만 이들은 좌파적 관점에 따라 보편적 기본소득을 '완전히 자동화된 화려한 공산주의fully automated luxury communism'로 이행하는 데 필요한 도구로 여긴다. '완전히 자동화된 화려한 공산주의'

란 2014년 영국의 작가 아론 바스타니가 사회주의 정치의 지향점을 가리키고자 만든 용어로, 2019년 동명의 저작이 출간될 때까지 일종의 밈meme으로서 유명세를 탔다(그의 저서는 인공지능과 태양에너지, 유전자 편집, 소행성 채굴, 인공육 같은 기술을 바탕으로 누구나 여가와 자기 계발을 마음껏 즐기는 미래 자동화 사회를 묘사한다).[14] 좌파 진영 내에서도 공동의 희생이나 반反소비주의적 절제를 상소하는 논리에 반대하던 이들에게는 바스타니의 제안이 가뭄에 단비나 다름없었던 것이다.

되풀이되는 공포

자동화 이론가들이 제시하는 미래상을 살펴보면 정치 성향이 다르더라도 과학기술의 변화 방향에 대해서는 만큼은 견해를 같이한다는 것을 알 수 있다. 팬데믹으로 경기가 침체된 와중에도 자동화 담론 특유의 확신은 공고해졌다. 적어도 팬데믹 동안에는 과학기술 발전으로 일자리가 줄어든다고 보기 어려운데도 자동화 이론가들은 팬데믹 확산이 자동화 사회로의 전환을 앞당긴다고 주장한다. 요리와 청소, 재활용, 식료품 포장, 돌봄 서비스를 제공하는 로봇은 인간과 달리 바이러스에 감염되지도, 병을 퍼뜨리지

자동화와 노동의 미래

도 않으니 사라진 일자리는 두 번 다시 되돌아오지 않으리라는 것이다.[15] 이들의 예측은 과연 믿을 만한 걸까?

이 질문에 답하려면 몇몇 개념이 실제 어떤 의미로 사용되는지를 살펴볼 필요가 있다. 자동화는 단순히 과학기술을 통해 인간의 생산력을 증가시키는 것이 아니며 인간의 노동을 완전히 대체한다는 점에서 노동력을 절약하는 여타의 기술혁신과 구별된다. 노동생산성을 향상시키는 기술을 활용하면 기존의 직업은 그대로 유지하면서 그 분야에서 일하는 노동자의 생산성을 높일 수 있다. 가령 자동차 조립 라인에 새로운 기계를 투입하면 조립 업무 자체를 없애지 않으면서도 작업의 효율을 높일 수 있으며, 대신 같은 수의 자동차를 생산하는 데 필요한 노동자 수가 줄어든다. 이러한 변화로 인한 일자리 소멸 여부는 산출량이 노동생산성에 비해 얼마나 빨리 증가하는가에 달려 있다. 산출량이 노동생산성에 비해 느리게 증가한다면 일자리는 줄어든다(이후에 다시 살펴보겠지만 보통은 이렇다). 이것은 자동화와 관계없이 늘 적용되는 원칙이다. 그러나 진정한 의미의 자동화는 미국의 소설가 커트 보니것이 쓴《자동 피아노》의 한 구절처럼 "하나의 직업 유형이 획 하고 사라져버리는" 상황을 동반한다.[16] 예를 들어 전화 교환원이 다시 등장하거나 사람이 직접 철강을 압연하는 일은 해당 산업의 산출량이 아무리 늘어나더라도 있을 수가 없다. 이 분야에서는 기계가 인간의 노동을 완전히 대체한 것이다.

업무 자동화의 미래를 둘러싼 논쟁은 현재, 혹은 근미래의 과학 기술이 노동 대체형labor-substituting인지 아니면 노동 보강형labor-augmenting인지를 평가하는 데 지나치게 매달린다. 그러나 두 유형의 기술 변화를 구분하는 것은 생각보다 어려운 일이다. 어느 마트에서 직원 한 명이 관리할 수 있는 자동 계산대 4대를 설치했다고 하자. 이 마트에서는 계산원이라는 직업이 사라진 걸까, 아니면 계산원 한 명이 계산대 3대를 추가로 맡을 수 있게 된 걸까? 옥스퍼드 대학교의 마틴스쿨 연구소는 문제에 관해 극단적인 예측을 내놓는 것으로 유명한데, 이들의 연구에 따르면 미국 전체 직업의 47%가 자동화로 인해 사라질 위험에 처해 있다. OECD는 그보다 최근에 발표한 연구를 통해 전체 직업의 14%가 사라질 가능성이 크며, 32%는 노동 대체형 혁신보다는 노동 보강형 혁신이 일어나 업무 방식이 크게 달라질 것이라 전망했다.[17]

사실상 두 혁신 모두 수많은 노동자의 일자리를 없앨 수 있다. 그러나 마틴스쿨 연구소의 전망처럼 절반에 가까운 직업이 사라진다 해도 이것이 과거와의 근본적인 단절을 의미한다고 딱 잘라 말하기는 어렵다. 단적인 예로 한 통계에 따르면 "1960년대에 있었던 직업 가운데 57%는 오늘날 존재하지 않는다."[18] 자동화는 오래전부터 다양한 형태의 기술혁신을 통해 지속적으로 일자리를

자동화와 노동의 미래

없애왔다. 이 책에서 묻고자 하는 것은 새로운 자동화 기술이 앞으로 더 많은 직업을 없앨지가 아니다(이에 대한 대답은 분명 '그렇다'이다). 그보다는 로봇공학과 인공지능, 머신러닝 같은 기술이 실제로 엄청난 속도로 일자리를 파괴하고 새 일자리가 만들어질 여지를 없애고 있는지, 또 그로 인해 점점 더 많은 사람이 영구적 실업 상태에 빠지기 시작했는지가 중요하다.

만약 그렇다면 자본주의 경제는 더 이상 정상적으로 작동할 수 없다. 자동화 이론의 기초가 되는 이러한 통찰은 노벨경제학상 수상자 바실리 레온티예프가 1983년에 발표한 연구에서 간단명료하게 설명되었다. 레온티예프에 따르면, "자동 가격 메커니즘의 효율적인 작동"은 현대 과학기술 고유의 특성에 "결정적으로 의존한다." 그 특성이란 기술 발전에 따라 "총생산량이 전례 없이 증가"하더라도 오히려 "인간의 노동이 대부분의 생산 공정에서 차지하는 역할은 더욱 중요해진다"는 점이다.[19] 다시 말해, 과학기술이 지금껏 노동자의 생산성을 높이되 노동 자체를 불필요한 것으로 만들지 않는 방향으로 발전해왔다는 뜻이다. 그리하여 노동자들은 계속 임금을 받으며 일함으로써 상품에 대한 구매력을 유지했다. 하지만 과학기술의 혁신은 자본주의 사회를 하나로 묶는 연약한 고리를 언제든 끊어버릴 가능성이 있다. 가령 모든 상황에 두루 적용할 수 있는 인공일반지능artificial general intelligence이 발명된다면 수많은 직업이 일거에 사라지고, 노동에 대한 수요가 곤두박질 칠 것이다. 그 결과 인구 대다수가 구매력을 잃고 시장에서 자신의 선호를 표시할 수 없게 되면 시장은 더 이상 제 기능을 하지 못한다. 자동화 이론가들은 이 같은 통찰에 따라 그리고 인공일반지능 같은 혁신이 현실화되고 있다고 전제하면서 이제는 자본주의에서 벗어나 임금노동이나 화폐교환에 의존하지 않는 새로운 생활양식으로 이행할 때라고 주장하곤 한다.[20]

이렇듯 자동화는 자본주의 사회에서 늘 나타나는 일반적인 현상이라 해도 과언이 아니지만, 자동화 이론가들은 다가오는 자동화 시대가 다를 것이라 말한다. 이들은 과학기술의 혁신 사례들을 보며 완전히 새로운 사회가 펼쳐질 가능성을 찾는다. 그러나 이 같은 주장은 근대 이후 이미 여러 차례 되풀이되었다. 미래 자동화 사회에 대한 열광적인 전망이 처음 나타난 시기는 늦어도 19세기 중반까지 거슬러 올라간다. 19세기 중반은 찰스 배비지의《기계와 대량생산의 경제에 대하여On the Economy of Machinery and Manufactures》(1832), 존 아돌푸스 에츨러John Adolphus Etzler 의《전인류의 눈앞에 다가온 노동 없는 낙원The Paradise within the Reach of All Men, without Labour》(1833), 앤드루 우레Andrew Ure 의《대량생산의 철학The Philosophy of Manufactures》(1835) 등이 잇따라 출간된 시기였다. 이들은 모두 최소한의 노동력이나 관리, 감독만으로 공장을 가동하는 자동화 시대가 머지않았다고 보았다. 카를 마르크스 또한 이러한 전망으로부터 많은 영향을 받았고, 《자본론》에서는 상호작용으로 복잡하게 얽힌 기계들이 인간의 노동을 경제생활의 중심에서 밀어내고 있다고 주장했다.[21]

공장 자동화에 대한 예견은 1930년대와 1950년대, 1980년대에 수차례 제기된 이후 2010년대에 다시 출현했고, 그때마다 사회가 재편되지 않는 한 '대규모 실업과 사회 붕괴'가 시작되리라는 주장이 뒤를 이었다.[22] 물론 자동화 담론이 일정 시기마다 되풀이되었으니 자동화 이론가들이 제시하는 사회 전망을 무시해도 좋다는 것은 결코 아니다. 자동화 이론가들이 말하는 과학기술 혁명은 언제든 현실이 될 수 있으며, 이들의 예측이 과거에 빗나갔다 해서 미래에도 맞지 않으리라는 법은 없기 때문이다. 더군다나 자동화 이론가들은 자본주의 사회에 잠재된 유토피아의 가능성을 탐구함으로써 사회를 보는 새로운 시각을 제공해왔다. 실제로 헤르베르트 마르쿠제, 제임스 보그스, 앙드레 고르츠를 비롯한 20세기의 선구적인 사회주의자들은 자동화 이론가였거나 자동화 담론의 영향을 받은 인물들이었다.

미래 자동화 사회에 대한 전망이 일정 시기마다 등장했다는 사실로 미루어보건대 자동화 담론은 자본주의 사회에서 여러 구조적·우발적 요인이 겹칠 때마다 자연스레 나타나는 경향으로, 자본주의 너머를 상상할 사상적 틀을 제공한다. 자동화 담론이 주기적으로 나타나는 배경에는 노동시장의 기능에 대한 근원적 불안, 즉 일자리는 너무 적고 사람은 너무 많다는 우려가 있다. 왜 시장은 일자리를 필요로 하는 수많은 노동자의 요구를 충족시키지 못할까? 자동화 이론가들은 노동저수요의 원인을 급속도로 발전하는 과학기술에서 찾는다.[23]

너무나 적은 일자리

오늘날 자동화 담론이 다시금 각광받는 것은 자동화 이론가들이 자동화의 결과로 지목하는 문제가 실제로 눈앞에서 벌어지고 있기 때문이다. 글로벌 자본주의는 일자리가 필요한 수많은 사람의 요구에 대응하지 못한 채 실패를 '거듭하고 있다.' 끝 모르고 계속되는 노동저수요는 실업통계만으로 설명이 불가능하다.[24] 경기 침체기에 실업이 급증하고 경기 회복기에 고용이 다시 늘지 않는 경우가 점점 잦아진다는 사실은 노동저수요를 보여주는 근거다. 이러한 경향은 2020년 팬데믹 사태에서 고스란히 반복되고 있으며, 팬데믹이 끝난 이후에도 고용은 되살아나지 않을 공산이 크다.[25] 한편 노동저수요는 불완전고용의 '증가' 추세로도 드러나는

자동화와 노동의 미래

데, 이는 전체 국민소득 가운데 노동소득으로 분배되는 몫이 점점 줄어듦을 함의한다.[26] 주류 경제학자들은 오래전부터 노동소득 분배율이 일정한 수준으로 유지된다 보고 이를 경제성장을 증명하는 '정형화된 사실stylized fact'*이라 간주했으며, 덕분에 경제발전에 따른 이익이 널리 분배된다고 생각했다. 그러나 G7 국가들이 지난 수십 년간 교육 수준을 높이고 국민 건강을 증진하는 등 이른바 인적 자본에 대한 대규모 투자를 시행했는데도 정작 노동소득 분배율은 감소했다(그림 1.1 참고).

이 같은 변화는 노동자의 협상력이 급격히 줄어들었음을 알리는 신호다. 더군다나 노동소득 증가분 가운데 상위 1%가 가져가는 몫이 갈수록 늘어나면서 평범한 노동자들은 통계로 드러나는 것보다 더 가혹한 현실을 감내해야 했다. 노동생산성의 평균 증가율과 임금의 평균 증가율 간 격차가 벌어지는 현상이 노동소득 분배율을 점점 떨어뜨린다면, 평균소득 증가율과 중위소득 증가율 간 격차가 커지는 현상은 노동소득 가운데 생산직이나 비관리직 노동자보다 관리직과 CEO의 임금으로 돌아가는 몫이 커지고 있음을 보여준다. 그 결과 노동자 대다수는 경제성장의 혜택으로

---

* 경제학자 니컬러스 칼도Nicholas Kaldor는 선진국의 경제성장에서 일정한 규칙성을 발견하고, 이를 '경제성장을 보여주는 정형화된 사실'로 명명했다.

부터 배제되다시피 했다(그림 1.2 참고).[27] 이러한 상황에서 날로 심 각해지는 불평등을 막을 수단은 강력한 재분배 정책뿐일 테지만, '사회 연대에 기반한 정치'는 시간이 갈수록 힘을 잃고 있다.[28] 이 제는 경제학자 데이비드 아우터나 로버트 J. 고든처럼 자동화 담 론을 비판하는 이들조차 경제에 뭔가 문제가 생겨 노동저수요를 야기하고 있다며 당혹감을 드러낸다.[29]

그렇다면 자동화 이론가들이 말하듯 과학기술의 급격한 발전 으로 인해 노동수요가 낮아진 걸까? 이 점에서는 자동화 담론의 주장에 동의하기 어렵다. 다만 그렇다 해서 자동화 담론을 비판하 는 연구자들의 입장이 수긍이 가는 것은 아니다. 이들은 노동저수 요의 원인과 관련해 고소득 국가에만 적용 가능한 설명을 내놓으 며, 노동저수요가 이미 오랫동안 세계경제를 괴롭혀왔고 코로나 19로 인해 더 심해질 것이 뻔한 상황에서도 그에 걸맞게 사회를 근본적으로 바꿀 방안을 전혀 제시하지 못했다. 여기서는 먼저 이 책의 입장이 자동화 담론을 비판하는 쪽보다 자동화 담론을 옹호 하는 '왼쪽' 입장에 더 가깝다는 점을 밝혀두겠다.

자동화 이론가들은 노동저수요의 원인을 잘못짚었을지언정 그 에 대한 경각심을 일깨우는 데는 성공을 거두었으며, 사회 전체에 해방을 가져올 수 있는 해결책을 상상하는 일에 누구보다도 앞장 섰다. 이 점에서 자동화 이론가들은 후기 자본주의 시대의 유토피

자동화와 노동의 미래

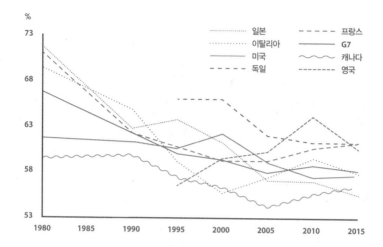

그림 1.1 G7 국가들의 노동소득 분배율, 1980~2015

출처: OECD Compendium of Productivity Indicators, 2017, Chapter 1, Figure 1.8.

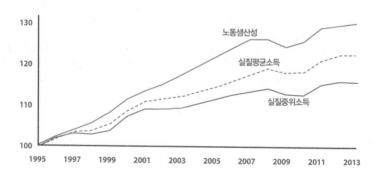

그림 1.2 OECD 국가들의 생산성-임금 격차, 1995~2013

참고: 1995=100. 24개국의 고용을 가중평균으로 계산했다. 조사 대상국은 핀란드, 독일, 일본, 대한민국, 미국, 프랑스, 이탈리아, 스웨덴, 오스트리아, 벨기에, 영국, 호주, 스페인, 체코, 덴마크, 헝가리, 폴란드, 네덜란드, 노르웨이, 캐나다, 뉴질랜드, 아일랜드, 이스라엘, 슬로바키아다. 자세한 내용은 《OECD 경제 전망OECD Economic Outlook》을 참고하라.

출처: OECD Economic Outlook, Volume 2018, Issue 2, Chapter 2, Figure 2.2.

아주의자들이다.[30] 팬데믹이 전 세계를 휩쓸고, 불평등이 날로 심화되며, 신자유주의와 종족민족주의ethnonationalism가 기승을 부리고, 기후변화의 위협이 눈앞으로 다가와 온 세상이 휘청이는 와중에도 자동화 이론가들은 모두가 해방을 누리는 미래를 구상함으로써 위기를 극복하려 해왔다. 이들이 꿈꾸는 것은 누구나 과학기술을 활용해 자신만의 열정을 좇으며 살아가고, 인류 역사가 한 단계 도약하는 세상이다. (역사의 다음 단계를 어떻게 정의할지는 우리 손에 달려 있다.) 과거 유토피아주의자들의 사례에서 알 수 있듯, 자동화 이론가들이 기술관료주의적 방식으로 사회를 개혁할 수 있다는 환상에서 벗어날 필요가 있는 건 사실이지만, 새로운 미래상을 제시하려는 이들의 노력은 인정하지 않을 수 없다.

다음 장부터 자동화 담론에 대한 네 가지 반론을 제시하겠다. 첫째, 지난 수십 년간 노동수요가 줄어든 것은 과학기술에서 전례 없는 혁신이 일어났기 때문이 아니라 불황이 계속되는 가운데 생산효율이 기술 개선을 통해 꾸준히 높아졌기 때문이다. 둘째, 노동저수요는 대량 실업이 아니라 지속적인 '불완전고용underemployment'으로 나타나는 경향을 보인다. 셋째, 엘리트 계층은 노동자들이 임금을 제대로 받지 못하는 상황을 방관하거나 내심 환영하기까지 할 것이므로 과학기술이 발전한다 해서 기본소득과 같은 기술관료주의적 해결책이 저절로 도입되는 일은 없

자동화와 노동의 미래

을 것이다(설령 기본소득이 도입된다고 하더라도 불평등이 만연한 사회를 무너뜨리기보다는 유지하는 방향으로 활용될 가능성이 훨씬 크다). 넷째, 완전한, 혹은 완전에 가까운 생산 자동화가 실현되지 않더라도 우리는 풍요로운 세상을 이룰 수 있다. 이 책에서는 정부의 개입이 아니라 사회적 투쟁을 통해 그러한 세상에 이르는 길을 제시하고자 한다.

역사상 사회정책에 큰 변화가 일어난 것은 공산주의의 위협이나 문명 붕괴 같은 사건이 사회에 엄청난 압력을 가할 때였다. 마찬가지로 오늘날에도 사회구조를 뿌리째 바꾸고자 하는 새로운 대중 사회운동이 나타날 때, 비로소 그에 걸맞은 개혁을 이룰 수 있다. 따라서 이제는 변화에 대한 두려움을 떨치고, 사회운동이 명확한 목표를 세워 전진하도록 적극 참여해야 할 때다. 사회운동이 실패한다면 기본소득이 그나마 얻어낼 수 있는 최선이 되겠지만 그렇다고 해서 기본소득 자체를 목표로 삼아서는 안 된다. 완전 자동화가 달성 불가능하든, 아니면 바람직하지 않든 관계없이, 우리는 발전된 과학기술을 수단으로 삼아 탈희소성 사회를 향해 나아가야 한다.

자동화 담론은 과거에 그랬듯 오늘날에도 시대를 반영하는 징후로서 재등장했다. 일자리의 공급과 수요 간에 엄청난 격차가 생기면서 수많은 노동자가 날품이라도 팔아보려 아등바등해야 하는 상황이 펼쳐지자 사람들은 시장이 규제하는 사회가 과연 계속 유지될 수 있을지 의문을 품기 시작했다. 노동시장 메커니즘은 코로나19가 발생하기 전에도 갈수록 작용하지 못하고 있었다. 지난 50년간 세계경제성장률이 점점 떨어지는 가운데 먹고살기 위해 노동력을(혹은 노동으로 만든 단순한 상품을) 팔아야만 하는 인구는 끝없이 늘어났기 때문이다. 지금 우리가 어떤 상황에 처해 있는지를 알고 싶다면 표준경제학에서 내놓는 분석보다 차라리 가까운 미래의 디스토피아를 다룬 SF 소설을 보는 편이 낫다. 날로 뜨거워지는 우리의 행성에서는 거리에 나온 노점상과 인력거꾼의 머리 위로 초소형 드론들이 날아다닌다. 부자들은 기후를 통제할 수 있는 별도의 공동체를 만들어 보호받으며 사는 반면, 나머지 인구는 허드렛일을 하거나 스마트폰으로 게임을 하며 온종일 시간을 보낸다. 이런 SF 소설 속 한 장면 같은 이야기가 현실이 되지 않도록 하려면 우리는 여태껏 우리 사회를 이끌어온 흐름에서 벗어나 새로운 길로 들어서야 한다.

한 사람도 예외 없이 생활에 필요한 것은 무엇이든 누리는 탈희소성 사회는 인류가 기후변화를 극복하는 데 필요한 기반이기도 하다. 또한 인류는 탈희소성 사회의 토대 위에서 정치 운동가 제임스 보그스가 말한 "역사상 최초로 절대다수의 민중이 매 끼니를 걱정하는 처지에서 벗어나 자유롭게 탐구하고 사색하며, 문고 창조하며, 배우고 가르치는" 세상을 만들 수 있다.[31] 탈희소성 사회로 가는 길을 마련하기 위해서는 자동화 이론가들이 주장하듯 노동과 소득 사이의 고리뿐만 아니라, 많은 사람이 간과해온 자본 이익과 소득 사이의 고리 또한 끊어내야 한다.

2장

전 세계 노동의 탈공업화

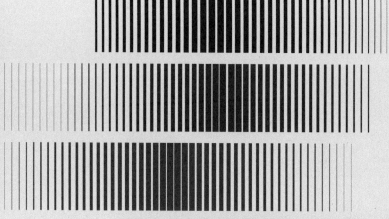

과학기술 발전에 따른 일자리 감소가 사회 전반에 영향을 끼친다면 그 결과는 서비스 부문의 고용 감소로 나타날 수밖에 없다. 고소득 국가에서는 노동자의 74%가, 전 세계로 보면 52%가 서비스 부문에 종사한다.[1] 따라서 자동화 이론가들은 소매, 운송, 외식 업종에서 나타나는 '새로운 형태의 서비스 자동화'에 주목한다. 주문을 받고, 매장 선반에 물건을 채우고, 차량을 운전하고, 햄버거를 만드는 기계가 속속 등장하면서 해당 업종은 '로봇화'가 가속화되는 분야로 손꼽히곤 한다. 또한 머지않아 인공지능이 발전하면 훨씬 더 많은 서비스 일자리가 사라질 것이며, 교육과 훈련에 몇 년씩 걸리는 직종도 예외가 될 수 없다는 전망도 나온다.[2] 물론 이러한 주장은 대개 과학기술이 미래의 고용 패턴에 어떤 영향을 끼칠지 예측한 것으로 얼마든지 틀릴 수 있다. 일례로

2020년 1월 첫째 주에는 샌프란시스코 베이 에어리어에서 에스프레소와 햄버거 서빙용 로봇을 만드는 업체 세 곳이 문을 닫거나 손실 때문에 어쩔 수 없이 개발 사업을 접는 일이 있었다.[3]

자동화 이론가들은 서비스 부문의 일자리가 사라지기 시작했다는 주장을 펼치면서 제조업을 선례로 꼽곤 한다. 제조업은 한발 먼저 대규모 고용 감소를 겪은 분야라는 것이다.[4] 이러한 주장이 타당한지를 판단하려면 먼저 자동화가 제조업의 고용에 어떤 영향을 미쳤는지 살펴볼 필요가 있다. 어찌 되었든 제조업이 자동화에 가장 적합한 분야인 것은 틀림없다. 제조업 현장에서는 "기계가 작동하는 환경을 철저히 단순화함으로써 작업을 자동화하는일"이 가능하기 때문이다.[5] 실제로 제조업에서 산업용 로봇은 오래전부터 사용되었다. 최초의 산업용 로봇 '유니메이트Unimate'가 제너럴 모터스의 공장에 처음 설치된 것이 1961년의 일이다. 그러나 1960년대 말까지만 하더라도 연구자들은 장기간에 걸쳐 기술적 실업이 나타나리라는 러다이트적 공포에 무관심했다. 상품 가격의 급격한 하락이 수요를 촉진한 탓에, 기술혁신이 가장 빠른 분야에서 고용이 오히려 크게 증가했기 때문이다.[6] 하지만 그런 호시절은 지나간 지 오래다. 지난 50년간 분야를 막론하고 전 세계 국가 대부분의 제조업에서는 공업화가 아닌 탈공업화의 흐름이 나타났다.[7]

자동화와 노동의 미래

생산성 역설

학술적 관점에서 탈공업화deindustrialization 는 "전체 고용에서 제조업이 차지하는 비중이 줄어드는 현상"으로 흔히 정의된다.[8] 고소득 국가의 고용에서 제조업이 차지하는 비중은 1960년대 말과 1970년대 초부터 줄기 시작했다. 미국의 제조업 노동자 비율은 1970년에 22%였으나 2017년에는 8%에 불과했다. 같은 기간 프랑스의 제조업 노동자 비율은 23%에서 9%로, 영국에서는 30%에서 8%로 줄어들었다. 일본, 독일, 이탈리아 역시 감소 폭은 다소 작았지만 상황은 매한가지였는데, 일본은 25%에서 15%로, 독일은 29%에서 17%로, 이탈리아는 25%에서 15%로 각각 감소했다. 이는 결국 제조업 분야의 고용이 크게 감소했음을 의미한다. 미국, 독일, 이탈리아, 일본의 제조업 일자리 수는 전후 호황기에 비해 약 33% 줄었으며, 프랑스에서는 50%, 영국에서는 무려 67% 감소했다.[9]

흔히 고소득 국가에서 나타난 탈공업화는 생산 시설을 해외로 이전하는 오프쇼어링offshoring의 결과라 추정한다. 전 세계에서 가장 많은 무역 적자를 내는 미국이나 영국의 경우 오프쇼어링이 탈공업화에 일정 부분 영향을 준 것은 사실이다. 그러나 미국과 영국을 비롯해 앞서 언급한 어떤 국가에서도 제조업 일자리 감소가 산출량 감소로 이어지지는 않았다. 오히려 미국, 프랑스, 독일, 일본, 이탈리아에서 실질 부가가치로 측정한 제조업 산출량은 1970년부터 2017년까지 두 배 이상 증가했다. 제조업이 가장 부진한 영국에서조차 해당 수치는 같은 기간 25% 늘었다. 저소득 국가와 중간소득 국가가 갈수록 더 많은 상품을 고소득 국가에 수출한다는 것은 분명하다. 하지만 2010년대 말 기준, 고소득 국가의 제조업 생산량이 어느 때보다 많다는 사실을 고려하면 탈공업화를 단순히 오프쇼어링에 따른 결과라 보기는 어렵다. 자동화 이론가들의 핵심 주장처럼 더 많은 제품이 더 적은 노동자에 의해 생산되는 상황이 벌어진 것이다.

자동화 이론가들은 보통 이러한 사실을 근거로 선진국에서 제조업 일자리가 줄어드는 주원인을 저가 수입품 공세가 아니라 노동생산성의 빠른 증가에서 찾는다.[10] 그러나 현실을 면밀히 살펴보면 이 설명 또한 설득력이 떨어진다는 것을 알 수 있다. 지난 수십 년간 제조업 생산성은 굼벵이처럼 느릿느릿 증가했다. 미국의 경제학자 로버트 솔로는 "우리는 컴퓨터 시대가 왔다는 사실을 도처에서 확인하지만, 생산성 통계에서만큼은 예외다"라는 말로 이러한 상황을 꼬집었다.[11] 자동화 이론가들은 솔로가 제기한 '생산성 역설'에 대해 제품 수요가 부진해서라거나 저임금 노동자를 계속 이용할 수 있기 때문이라는 설명을 내놓기도 하지만,

이 역설의 진정한 의미를 과소평가하고 있다. 그 원인 중 하나는 1950년 이후 미국의 제조업 생산성이 연평균 약 3%씩 꾸준히 증가했다는 점이다. 에릭 브린욜프슨과 앤드루 맥아피는 여기에서 출발해, 이 연간 성장률 자체는 작은 수치지만 이 성장률이 매년 중첩되어 지수적으로 큰 증가를 이룬다는 데서 자동화에 미치는 영향을 바라보아야 한다고 주장했다.[12]

그러나 실상 미국의 공식 제조업 성장률 통계는 과도하게 부풀려져 있는데, 이는 처리 속도가 더 빠른 컴퓨터를 생산하면 그만큼 더 많은 컴퓨터를 생산한 것으로 간주하여 통계에 반영하기 때문이다.[13] 그 결과 1987년에서 2011년까지의 정부 통계에서 컴퓨터 및 전자장치 부문 생산성은 연평균 10% 이상 가파르게 성장한 것으로 나타났지만, 해당 부문을 제외하면 제조업 생산성 증가율은 연평균 2% 수준에 불과하다.[14] 게다가 2011년 이후 제조업 전반의 생산성은 더욱 악화되는 추세를 보였고, 2017년 미국의 제조업 노동자 1인당 실질 산출량은 2010년보다도 낮은 것으로 나타났다. 자동화 이론가들의 주장대로라면 과학기술이 발전하여 제조업 생산성이 빠르게 개선되어야 할 시기에 오히려 생산성 증가율이 급락한 것이다.

통계를 바로잡고 보면 미국의 제조업 생산성이 변화하는 양상은 독일이나 일본 같은 나라들과 한결 비슷해진다. 독일과 일본의 제조업 생산성 증가율은 제2차 세계대전 이후 경제 호황기에 정점을 찍은 뒤로 급격히 감소했다. 독일의 경우 1950년대에서 1960년대 사이에 연평균 6.3%에 달했던 제조업 생산성 증가율이 2000년부터 2017년 사이에 연평균 2.4%로 떨어졌다. 전후 독일이 앞선 나라들을 따라잡으며 엄청난 경제성장을 이루었다는 점을 고려하면 어느 정도는 예상이 가능한 일이있다. 그럼에도 독일이나 일본이 산업용 로봇 분야에서 미국보다 앞선 나라이기 때문에 이러한 통계는 자동화 이론가들을 당혹스럽게 할 것이다. 가령 테슬라는 캘리포니아에 거의 완전 자동화된 자동차 공장을 세우면서 독일 기업이 만든 로봇을 도입했다.[15] 또한 2016년 기준 제조업 노동자 1만 명당 산업용 로봇 대수는 독일과 일본이 미국보다 60%가량 많은 것으로 나타났다.[16]

제조업의 생산성 개선이 지지부진한 와중에도 결국 언급한 모든 나라에서 탈공업화가 계속된다는 것은 곧 탈공업화의 원인이 자동화 이론가들의 주장과 다르다는 뜻이다. 탈공업화의 원인을 상세히 분석하기 위해서는 먼저 다음 세 개념이 의미하는 바를 따져보아야 한다. 첫째는 '산출량output'이다. 산출량이란 특정 경제 부문의 생산수준(얼마나 많이 생산했는가)을 인플레이션을 감안한 실질 '부가가치Value added'로 측정한 값이다.[17] 국내총생산, 즉 GDP가 한 나라의 경제 전체가 창출한 부가가치에 해당한다. 둘

자동화와 노동의 미래

째는 '고용employment'으로 여기서 말하는 고용은 노동시간이 아

니라 노동자의 수를 기준으로 한다(노동시간은 선진국이 아니면 측정

조차 안 되는 경우가 많다). 마지막으로 '생산성productivity'은 고용 대

비 산출량의 비율을 말하며, 노동자 1인당 생산한 산출량이 많을

수록 노동자의 생산성 수준이 높다는 뜻이다. 세 요소의 관계를

변화율 측면에서 정리하면 어떤 경제 부문에서든 산출량의 변화

율(ΔO)에서 노동생산성 변화율(ΔP)을 뺀 값은 고용의 변화율(ΔE)

과 같다는 결론이 나온다. 따라서 '$\Delta O - \Delta P = \Delta E$'라는 등식은 정의

상 참이다.[18] 가령 자동차 산업의 산출량이 연 3%, 생산성이 연

2%씩 증가했다면 고용은 연 1%씩 늘어났어야 한다(3-2=1). 반면

산출량이 연 3%, 생산성이 연 4%씩 증가했다면 고용은 매년 1%

씩 감소했을 것이다(3-4=-1).

프랑스의 제조업 산출량 증가율을 이와 같은 방식으로 나누

어 살펴보면 고소득 국가들에서 나타나는 일반적인 패턴을 파악

할 수 있다(그림 2.1 참고).[19] 이른바 전후 자본주의의 황금기였던

1950년에서 1973년 사이, 프랑스의 연평균 제조업 생산성 증가

율은 지금보다 월등히 높은 5.2%였으며, 연평균 산출량 증가율은

그보다 높은 5.9%였다. 따라서 당시 프랑스의 제조업 고용은 연

평균 0.7%씩 꾸준히 증가했음을 알 수 있다. 반면 1973년 이후에

는 산출량과 생산성 증가율 모두 줄어들기 시작했는데, 감소 폭은

산출량이 생산성에 비해 훨씬 더 컸다. 21세기 초(2001~2017년), 연평균 생산성 증가율은 2.7%로 전후 시기에 비해 크게 떨어졌지만, 연평균 산출량 증가율은 그보다도 낮은 0.9%를 기록했으며, 결과적으로 고용은 연평균 1.7%씩 빠르게 감소했다. 다만 엄밀히 말해 프랑스의 탈공업화는 제조업 고용이 감소세에 들어서기 전부터 진행되고 있었다고 보아야 한다. 전체 고용에서 제조업이 차지하는 비중은 제조업 고용 증가율이 노동인구 증가율보다 낮아질 때부터 줄어들기 때문이다.

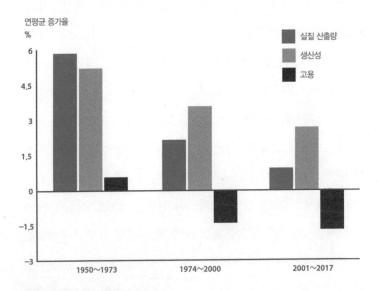

그림 2.1 프랑스의 제조업 부문, 1950~2017
출처: Conference Board, International Comparisons of Productivity and Unit Labour Costs, July 2018 edition.

자동화와 노동의 미래

이처럼 세 요소를 각각 떼어놓고 보면 자동화 이론가들이 왜 제조업 생산성이 빠르게 증가한다고 착각했는지를 알 수 있다. 생산성 증가율은 산출량 증가율에 비해 높지만 이는 생산성이 개선되는 속도가 전보다 빨라졌기 때문이 아니다. 만약 그랬다면 자동화가 가속화된다는 주장에 이의를 달기 어려웠을 테지만, 자동화 이론가들의 생각과 달리 생산성은 산출량이 과거에 비해 훨씬 느린 속도로 증가하기 때문에 비교적 높게 나타나는 것뿐이다. 다른 국가의 통계에서도 이와 동일한 패턴을 확인할 수 있다. 표 2.1에서 보듯 각국의 제조업 산출량 자체는 감소하는 일 없이 쭉 늘었지만 산출량이 증가하는 속도는 생산성에 비해 큰 폭으로 떨어졌다. 그리고 각국의 제조업 산출량 증가율이 생산성 증가율을 밑돌 정도로 양적 경제지표가 악화되면서 고용 시장에 나타난 질적 변화가 바로 제조업 고용의 점진적 감소다. 요컨대 전 세계에서 나타나는 노동의 탈공업화 현상은 과학기술 발전에 한계가 있는 상황에서 경제 불황이 갈수록 심각해진 데 따른 결과다.

'산출량 증가율 감소에 따른' 탈공업화는 과학기술만으로는 설명이 불가능하다.[20] 이 문제를 다르게 해석하는 경제학자들은 흔히 탈공업화를 선진국에서 나타나는 발전상의 특징이자 해롭지 않은 경향으로 간주하곤 한다.[21] 그러나 이들은 자신들이 경제 발전에 따른 변화라 주장하는 탈공업화가 어째서 1인당 GDP 수준

		산출량	생산성	고용
미국	1950~1973	4.4%	3.1%	1.2%
	1974~2000	3.1%	3.3%	−0.2%
	2001~2017	1.2%	3.2%	−1.8%
독일	1950~1973	7.6%	5.7%	1.8%
	1974~2000	1.3%	2.5%	−1.1%
	2001~2017	2.0%	2.2%	−0.2%
일본	1950~1973	14.9%	10.1%	4.3%
	1974~2000	2.8%	3.4%	−0.6%
	2001~2017	1.7%	2.7%	−1.1%

표 2.1 제조업 증가율, 1950~2017

출처: Conference Board, International Comparisons of Productivity and Unit Labour Costs, July 2018 edition.

이 천차만별인 국가들에 공통적으로 나타나는지를 전혀 설명하지 못한다. 탈공업화는 1960년대 말과 1970년대 초 고소득 국가들에서 처음 나타났는데, 당시는 미국, 유럽, 일본의 1인당 소득 격차가 거의 좁혀진 시기였다. 하지만 이후 수십 년간 탈공업화는 1인당 소득수준이 제각기 다른 중저소득 국가들로 '조기에' 전파[22]되었고(그림 2.2 참고), 1970년대 말에는 남유럽, 1980년대와 1990년대에는 중남미의 다수 국가, 동아시아와 동남아시아, 남아프리카 일부 국가에서 탈공업화가 나타났다. 저소득 국가의 경우 대부분 공업화 수준이 너무 낮은 단계에서 정점을 찍고 내려와서 공업화가 애당초 일어나지도 않았다고 보는 편이 더 정확할 지경

자동화와 노동의 미래

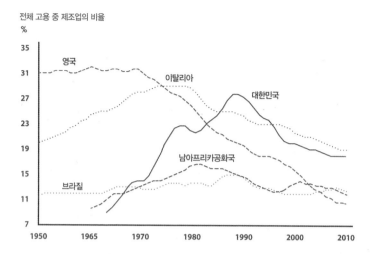

전체 고용 중 제조업의 비율
%

그림 2.2 전 세계로 퍼진 탈공업화, 1950~2010
출처: Groningen Growth and Development Centre, 10-Sector Database, January 2015 edition.

이었다.[23]

　그리하여 20세기 말, 탈공업화의 물결은 사실상 전 세계를 휩쓸었다. 1991년에서 2016년 사이 전 세계 제조업 고용은 연평균 0.4%씩 증가했는데, 이는 노동인구가 늘어나는 속도에 비해 턱없이 느렸고, 그 결과 같은 기간 전 세계 고용에서 제조업이 차지하는 비율은 3%p 감소했다.[24] 중국은 대표적인 예외 사례지만 그렇다고 해서 탈공업화를 완전히 피해 간 것은 아니다(그림 2.3 참고). 1990년대 중반, 국영 기업들이 노동자 수백만 명을 해고하면서 중국에서도 제조업 고용의 비중이 조금씩 떨어졌다.[25] 그러다가

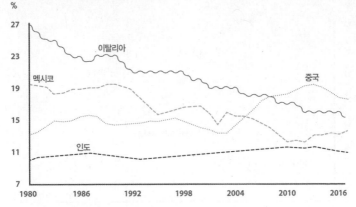

전체 고용 중 제조업의 비율
%

이탈리아

멕시코

중국

인도

그림 2.3 중국, 인도, 멕시코의 탈공업화, 1980~2017
출처: Conference Board, International Comparisons of Productivity and Unit Labour Costs, July 2018 edition.

2000년대 초부터는 고용에서 제조업의 비중이 늘어나며 재공업화가 나타나는 듯 했지만, 2010년 중반 이후 다시 탈공업화가 시작됐고, 제조업 고용의 비중은 2013년 19.3%에서 2018년 17.2%로 상당히 줄어들었다. 탈공업화가 자동화의 결과도, 선진국의 내적 성장에 따른 현상도 아니라면 그 원인은 대체 무엇일까?

자동화와 노동의 미래

제조업의 생산능력 과잉이 가져온 해악

경제학자들과 자동화 이론가들은 모두 탈공업화를 설명하면서 한 가지 사실을 간과한다. 제조업의 산출량 증가율은 한두 국가만이 아니라 전 세계에서 감소 추세를 보인다는 것이다(그림 2.4 참고).[26] 1950년대와 1960년대, 전 세계 제조업 생산의 실질 성장률은 연평균 7.1%에 달했다. 이후 이 수치는 1970년대에 4.8%, 1980년에서 2007년 사이에 3.0%로 점점 떨어졌다. 그리고 세계 금융 위기가 발생한 2008년부터 2014년까지 전 세계 제조업 산출량은 매년 1.6%씩 성장하는 데 그치며 전후 '황금기'의 4분의 1에도 못 미치는 성장률을 기록했다.[27] 더군다나 이 통계는 중국의 폭발적인 제조업부문 생산능력 성장이 반영된 것이다.

다시 한번 강조하건대, 제조업 생산성의 증가 속도가 실제로는 과거에 비해 훨씬 느려졌는데도 언뜻 빨라 보이는 것은 전 세계 제조업 산출량이 믿기지 않을 만큼 느릿느릿 늘기 때문이다. 자동화 이론가들의 주장대로 점점 더 많은 제품이 더 적은 수의 노동자에 의해 생산되는 '중이지만', 그 이유는 과학기술의 발전으로 생산성 증가율이 높아져서가 아니다. 자동화 이론가들의 설명과 달리, 제조업 생산성은 추락하는 산출량 증가율에 비해 빠르게 성장하는 것처럼 보일 뿐이다.

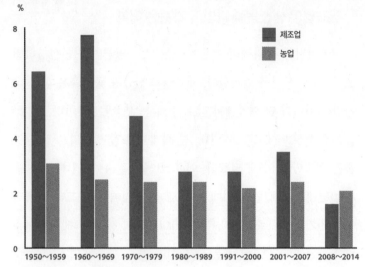

연평균 증가율
%

제조업
농업

그림 2.4 세계 제조업 및 농업 생산, 1950~2014

출처: World Trade Organization, International Trade Statistics 2015, Table A1a, World Merchandise Exports, Production and GDP, 1950–2014.

마르크스주의 경제사학자 로버트 브레너의 분석을 바탕으로 전 세계적인 탈공업화 문제를 살펴보면, 급격한 기술 발전이 아니라 세계 제조업 시장의 생산능력 과잉에서 그 원인을 찾을 수 있다.[28] 생산능력 과잉 문제는 제2차 세계대전 이후 점차 심각해지기 시작했다. 전쟁이 끝난 직후 최첨단 과학기술을 갖춘 미국의 경제는 세계 어느 나라보다 활력이 넘쳤고, 1950년 미국의 노동시간당 산출량은 유럽에 비해 두 배 이상 많았다.[29] 이후 유럽

자동화와 노동의 미래

과 동아시아, 동남아시아 등지에서 공산주의의 위협이 커지자 미국은 제국주의 시대의 경쟁국이었던 독일, 일본을 비롯해 공산주의와의 대결에서 '최전선'에 있는 국가들에게 아낌없이 기술을 지원하여 그들을 미국의 안보 우산 아래 두고자 했다.[30] 미국의 기술 이전은 제2차 세계대전 이후 수십 년간 유럽과 일본의 경제성장을 이끈 원동력으로, 수출 주도 경제가 빠르게 성장할 기반을 마련했다. 유럽과 일본은 1949년 자국의 통화를 달러 대비 평가절하해서 수출 주도 성장 전략에 힘을 실었고, 자국 노동자 계층의 구매력을 희생하는 대신 세계시장에서의 경쟁력을 높였다(이로 인해 당시 여러 유럽 국가에서는 집권 좌파 정당이 정권을 잃었다).[31] 하지만 로버트 브레너가 지적하듯 전 세계 제조업 생산능력의 성장은 곧 생산능력 과잉으로 이어졌고, 제조업 산출량 증가율은 '장기 하강' 상태에 빠졌다.

여기서 중요한 것은 뒤늦게 제조업 생산 시설을 구축한 글로벌 사우스Global South*의 후발 국가들뿐만 아니라 일찌감치 제조업 기반을 갖춘 독일, 프랑스, 이탈리아, 일본 같은 국가들 또한 생산능력 과잉 문제에 책임이 있다는 점이다. 후자에 해당하는 국가들

---

* 주로 남반구에 속하는 아시아, 아프리카, 중남미 등지의 저소득 국가들을 통칭하는 용어. 반대로 서구권에 속하는 고소득 국가들은 글로벌 노스Global North로 칭한다.

은 전후 시기에 저비용 생산이 가능한 기업들을 한발 앞서 유치함으로써 세계 산업재 시장에서 점유율을 확보했고, 그전까지 난공불락이었던 미국 내수 시장에 침투하는 데 성공했다. 그리하여 생산 업체 간 비용 경쟁이 치열해지자 미국의 제조업 산출량 증가율은 1960년대 말부터 감소하기 시작했고, 고용에서는 탈공업화가 나타났다. 1970년대 초 미국은 브레턴우즈 체제를 폐지하고 달러를 평가절하하여 자국 기업의 국제 경쟁력을 높임으로써 수입품 공세에 맞섰고, 그 결과 미국과 북서부 유럽뿐 아니라 유럽의 다른 지역과 일본 또한 동일한 문제를 겪게 되었다.[32]

하지만 고소득 지역의 기업 간 경쟁이 치열해지는 상황에서도 수출 주도 성장 전략을 채택해 제조업의 기반을 구축하고 세계 공산품 시장에 뛰어드는 나라는 오히려 늘어났다. 전 세계의 제조업 생산능력이 증가하고 국가 간 경쟁이 심해지면서 제조업의 성장 둔화와 노동시장의 탈공업화 경향이 라틴아메리카와 중동, 아시아, 아프리카를 비롯해 세계경제 전체로 확산되었다. 대부분의 글로벌 사우스 국가에는 1982년 제3세계 외채 위기 이후 IMF가 주도한 구조조정 프로그램이 도입되면서 탈공업화가 나타났다. 소득수준이 낮은 국가들은 무역 자유화에 따라 시장을 개방해야 했고, 금융 자유화로 단기 수익을 노린 국제 투기 자본이 '신흥 시장'에 유입되자 해당 국가들의 통화가치가 가파르게 상승했다. 이로

자동화와 노동의 미래

인해 시장 경쟁이 치열해지고 단위 노동 비용이 상승한 결과, 이 지역의 기업들은 수입품과 경쟁할 수도, 상품을 해외에 수출할 수도 없는 처지에 놓였다.[33]

탈공업화는 과학기술이 발전했기 때문만이 아니라 전 세계의 생산능력과 기술 수준이 과도하게 높아졌기 때문에 벌어진 현상이다. 세계시장이 많은 경쟁자로 붐빌수록 제조업은 빠른 성장세를 유지하기 어려워졌다.[34] 또한 세계시장에서 공산품 가격이 하락하면서 탈공업화는 전 세계로 확산되었다(이는 통화가치 변동이 어떻게 각국의 제조업 경쟁력에 그토록 지대한 영향을 끼쳤는지를 설명해주는 대목이다).[35] 하버드케네디스쿨의 정치경제학 교수 대니 로드릭에 따르면, 개발도상국은 자본주의의 중심 지역에서 시작된 "상대가격 변화에 속수무책"이었기에 "선진국으로부터 탈공업화를 '수입'한" 것이나 다름없었다.[36]

공산품의 가격 하락은 세계 어디서나 자본 1단위당 소득(자본생산성)을 낮추었고, 이는 다시 수익률 악화와 투자율 저하, 그리고 산출량 증가율 하락으로 이어졌다.[37] 기업들은 이러한 상황에서도 시장점유율을 놓고 더욱 치열한 경쟁을 벌여야 했다. 경제 전반의 성장이 둔화되는 가운데, 새로운 기업이 빠르게 성장하는 길은 기존 기업의 시장점유율을 빼앗는 것뿐이었고, 기존 기업들은 가치 사슬의 꼭대기를 차지함으로써 후발 주자의 도전에 대응하고자 했다. 또한 생산능력 과잉은 1970년대 초 이후 제조업의 생산성 증가율이 산출량 증가율에 비해 적게 감소한 이유를 설명한다. 기업들은 제품 수요의 증가 속도가 떨어지는 와중에도 경쟁에 뒤처지지 않기 위해 무슨 수를 써서든 생산성을 높여야 했으며, 그러지 못할 경우 파산하여 통계에서 사라졌다.[38] 기술혁신은 전보다 느리게 진행됐지만 제조업 전반의 일자리 감소에 영향을 끼쳤다.[39] 각국에서 제조업 산출량 증가율이 생산성 증가율과 비슷한 수준으로(대부분의 경우 더 낮은 수준으로) 떨어지면서 탈공업화는 전 세계로 퍼져나갔다.

탈공업화의 원인을 제조업의 자동화가 아니라 생산능력 과잉에서 찾으면 서로 모순되는 듯 보이던 탈공업화의 특징들을 해명할 수 있다. 가령 생산능력 과잉은, 탈공업화가 노동절약적 기술을 개발하려는 노력만이 아니라 거대한 노동집약적 공급 사슬을 구축하려는 시도와 함께 나타난 이유를 설명한다(후자는 보통 환경에 더 큰 악영향을 미쳤다).[40] 이러한 상황을 낳은 결정적 계기는 일본과 독일의 저가 제품이 미국 내수 시장에 침투해 미국 제조업의 수입 침투율이 1960년대 중반 7%에서 1970년대 초 16%로 치솟은 일이다.[41] 이때부터 높은 노동생산성이 저임금 국가와의 경쟁에서 우위를 보장해주지 않는다는 사실이 분명해졌다. 이후 경쟁에서 앞서 나간 것은 생산을 세계화한 기업들이었다. 가격경쟁에 직면한 미국의 다국적 기업들은 생산 공정에서 더 노동집약적인 부분을 해외에 이전하고, 공급 업체들을 경쟁시켜 가격 결정력을 높이는 방식으로 국제 공급망을 구축했다.[42] 이에 따라 1960년대 중반에는 대만과 대한민국에 최초의 수출 가공 지구export-processing zone가 설치되었다. 이전까지 산호세San Jose에서 컴퓨터 칩을 생산하던 실리콘밸리도 복잡한 기술이 필요치 않은 공정은 저임금 지역으로 이전했고, 환경오염과 노동자 안전에 관한 규제로부터 한층 자유로워졌다.[43] 독일과 일본의 다국적 기업들 또한 마찬가지였는데, 다국적 기업들은 새로운 교통과 통신 인프라를 바탕으로 세계 어디서나 이러한 전략을 활용할 수 있었다.[44]

선진국들은 생산 세계화를 통해 제조업 생산능력을 유지할 수 있었지만 노동의 탈공업화라는 대세를 거스를 수는 없었다. 전 세계를 잇는 공급망이 만들어지면서 점점 더 많은 나라의 기업들이 세계시장 속 경쟁의 소용돌이에 휘말렸다. 일부 국가에서는 이러한 흐름에 따라 제조업 중심지가 바뀌기도 했다. 미국의 러스트 벨트Rust Belt처럼 내수 시장에 치중한 지역은 쇠락에 접어든 반면, 선벨트Sun Belt처럼 전 세계 공급 네트워크에 통합된 지역은 급성장한 것이다. 그 결과 미국에서는 채터누가Chattanooga가 디트로이트를, 멕시코에서는 후아레스Ciudad Juárez가 멕시코시티를, 중국에서는 광둥이 둥베이를 각각 대체했다.[45] 그러나 세계시장의 성장률 자체가 떨어지는 마당에 세계시장으로 방향을 돌리는 전략이 큰 효과를 거두기는 어려웠다. 신흥 공업지역은 몰락한 기존 공업지역을 완벽히 대체하는 데 실패했고, 결국 탈공업화의 물결을 막지 못했다.

더불어 생산능력 과잉은 로봇화 수준이 높은 나라에서 더 심각한 탈공업화가 나타나지 않는 이유를 설명한다. 2016년 제조업 노동자 1000명당 산업용 로봇 대수를 기준으로 보면 대한민국(63대), 독일(31대), 일본(30대)은 미국(19대)이나 영국(7대)에 비해 완전 자동화에 훨씬 더 가까운 나라들이다. 그런데 같은 해 고용에서 제조업이 차지하는 비율 면에서도 대한민국(17%), 독일(17%), 일본(15%)은 미국(8%)과 영국(8%)을 훌쩍 넘어섰다. 세계시장에서의 경쟁이 치열한 가운데 로봇화 수준이 높다면, 기업은 시장점유율을 높이고 경쟁에서 우위를 차지할 수 있다. 따라서 유럽이나 동아시아의 노동자들은 미국의 노동자에 비해 자동화가 일자리를 유지하는 데 도움이 된다고 보는 경우가 많다.[46] 한편 중국 또한 세계 공산품 시장을 주도해왔고, 제조업 산출량과 고용 증가율 면에서 폭발적인 성장세를 보였지만, 중국의 기업들은 로봇화가 아니라 낮은 임금과 적당한 기술 수준, 탄탄한 기반 시설을 바탕으로 성장해왔다(2016년 중국의 노동자 1000명당 산업용 로봇 대수는 7대에 불과했다). 그러나 원인은 달라도 결과는 마찬가지였

자동화와 노동의 미래

다. 세계경제가 생산능력 과잉과 성장률 둔화에 시달리는 와중에도 중국이 빠르게 공업화를 이룰 수 있었던 것은 중국 기업들이 미국뿐 아니라 멕시코, 브라질 등지의 기업들로부터 시장점유율을 빼앗아왔기 때문이다. 이는 다른 방식으로는 불가능했을 일이다. 평균 성장률이 떨어진 상황에서 기업이 높은 성장률을 달성하는 길은 경쟁자의 시장점유율을 빼앗는 것뿐이다. 과연 임금수준이 높아진 후에도 중국이 제조업 경쟁력을 유지할 수 있을지는 두고 볼 문제다. 지금도 중국 기업들은 임금 상승에 대비해 로봇화 수준을 높이려 하고 있다.[47]

3장

불황의 그늘 아래

앞서 제조업 일자리 감소를 생산능력 과잉에 따른 결과로 해석하며 든 근거만으로는 임금 정체, 노동소득 분배율과 경제활동 참가율 감소, 고용 없는 경기 회복 등 제조업을 넘어 경제 전반에서 나타나는 문제를 설명하기에 역부족일 수 있다. 자동화 이론가들은 이 모든 문제의 원인을 과학기술의 급격한 발전, 즉 자동화 탓으로 돌린다. 제조업뿐만 아니라 각국의 서비스 부문과 세계경제 전체의 노동수요가 줄어드는 것을 고려하면 언뜻 타당해 보이는 설명이다. 그러나 자동화가 서비스 부문에 미친 충격은 제조업에 비해 미미한 수준이므로 과학기술 혁신이 널리 적용되면서 경제 전반의 노동수요가 줄었다는 설명 또한 설득력이 떨어진다. 오히려 문제의 원인은 앞에서 설명한 제조업의 침체로 보아야 마땅하다. 그 근거는 1970년대 이후 각국의 제조업이 차례로 부진에 빠지는 가운데, 어떤 분야도 경제성장의 주 동력원으로서 제조업의 역할을 대신하지 못했다는 데서 찾을 수 있다. 제조업을 대체할 새로운 성장 동력이 없는 상황에서 제조업 산출량 증가율이 떨어지자 GDP 성장률 또한 함께 둔화된 것이다.

성장 동력이 멈추다

제조업의 부진과 경제성장의 둔화가 밀접하게 얽혀 있다는 사실은 고소득 국가의 통계에서 한눈에 드러난다. 가장 눈에 띄는 사례는 프랑스다(그림 3.1 참고). 프랑스의 경우 1950년에서 1973년 사이 제조업의 실질 부가가치manufacturing value added, MVA는 연평균 5.9% 상승했으며 전체 경제의 실질 부가가치, 즉 실질 GDP는 연평균 5.1% 상승했다.[1] 하지만 1973년부터 두 지표는 나란히 곤두박질쳤다. 2001년에서 2017년까지 MVA는 연평균 0.9%, GDP는 연평균 1.2%씩 증가하는 데 그쳤다. GDP 성장이 조금 낮다고는 해도 도토리 키 재기나 다름없는 수준이었다. 1950년대와 1960년대에는 MVA 성장이 경제를 이끌다시피 했다는 점에 주목하자. 당시만 하더라도 제조업은 경제성장을 이끄는 주 동력원이었으나, 1973년 이후 MVA 성장률은 경제성장률보다

자동화와 노동의 미래

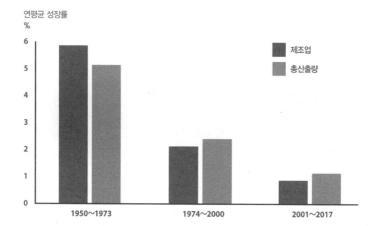

그림 3.1 프랑스의 제조업 및 총산출량 성장. 1950～2017

출처: Conference Board, International Comparisons of Productivity and Unit Labour Costs, July 2018 edition.

		MVA	GDP
미국	1950～1973	4.4%	4.0%
	1974～2000	3.1%	3.2%
	2001～2017	1.2%	1.9%
독일	1950～1973	7.6%	5.7%
	1974～2000	1.3%	1.9%
	2001～2017	2.0%	1.4%
일본	1950～1973	14.9%	9.3%
	1974～2000	2.8%	3.2%
	2001～2017	1.7%	1.9%

표 3.1 제조업 및 GDP 성장률. 1950～2017

출처: Conference Board, International Comparisons of Productivity and Unit Labour Costs, July 2018 edition.

뒤처지기 시작했다. 다른 국가들의 통계에서도 비슷한 패턴이 나타난다(표 3.1 참고). 수출 주도 성장의 동력이 삐걱대자 각국의 경제성장률은 바닥으로 떨어졌다.[2]

탈공업화를 연구하는 경제학자들은 제조업이 명목 GDP에서 차지하는 비중은 줄었으나 실질 GDP에서 차지하는 비중은 최근까지 꾸준히 유지되었다는 점을 지적하곤 한다. 1973년에서 2000년 사이 실질 MVA와 실질 GDP 증가율에는 큰 차이가 없었다는 것이다.[3] 이는 곧 제조업에서 서비스업으로 수요가 대폭 이동하지 않았다는 뜻으로, 제조업의 부진이 어째서 경제 전반의 침체로 이어졌는지를 설명한다.

제조업의 부진은 주로 투자 감소라는 메커니즘을 통해 전체 경제에 영향을 끼쳤다. 투자가 줄면 생산을 확대하는 데 쓰이는 재화와 서비스 수요가 감소하며, 이는 고용 축소와 그에 따른 소비 수요 위축으로 이어진다. 따라서 경제 전체를 놓고 보면 생산능력 과잉은 과소 투자underinvestment 현상으로 나타난다(구조적인 문제인 만큼 명확한 해결책을 찾기도 어렵다). 선진 자본주의 국가에서는 자본스톡(불변가격으로 측정한 구조물과 장비, 소프트웨어의 가치) 증가율이 날로 줄어들었다(표 3.2 참고). 가령 미국에서는 1951년에서 1973년 사이 자본스톡이 연평균 3.6%씩 증가했으나, 1974년에서 2000년까지는 2.8%, 2001년에서 2017년 사이에는 1.8%로 떨

자동화와 노동의 미래

어졌다(2009년 이후 연평균 자본스톡 증가율은 1.3%에 그쳤다).[4] 기업들이 고정자본 투자를 줄이는 이상, 노동생산성 증가율 또한 감소할 수밖에 없다. 생산성을 높이는 노동 절약형 혁신은 자본재가 발전하거나 자본재를 보완하는 투자가 이루어질 때 비로소 가능하기 때문이다.[5] 이에 따라 미국에서는 1951년부터 1973년까지 연평균 2.4%씩 증가하던 노동생산성이 1974년에서 2000년 사이에는 1.4%, 2001년에서 2017년 사이에는 1.2% 늘어나는 데 그쳤다 (2011년에서 2017년까지의 연평균 증가율은 고작 0.7%였다). 다른 고소득 국가들의 경우 비슷한 추세가 훨씬 심각한 수준으로 나타났다.

제조업의 활력이 떨어져 경제 전체가 침체에 빠졌다는 사실은

		자본 스톡	노동생산성
미국	1950~1973	3.6%	2.4%
	1974~2000	2.8%	1.4%
	2001~2017	1.8%	1.2%
독일	1950~1973	6.9%	4.7%
	1974~2000	2.3%	1.7%
	2001~2017	1.0%	0.7%
일본	1950~1973	9.3%	7.6%
	1974~2000	4.7%	2.5%
	2001~2017	0.7%	0.7%

표 3.2 자본스톡 및 노동생산성 성장률. 1950~2017

출처: Conference Board, Total Economy Database, April 2019 edition, and Groningen Growth and Development Centre, Penn World Table 9.1, September 2019 edition, retrieved from FRED, Federal Reserve Bank of St. Louis.

왜 사회 전반에서 노동수요가 줄어드는지, 자동화 이론가들이 말하는 실질 임금의 정체, 노동소득 분배율 감소 등의 문제가 어디서 비롯되는지를 설명한다.[6] 경제 전반에서 노동수요가 줄어드는 것은 서비스 부문의 자동화로 생산성 증가율이 높아져서가 아니다. 오히려 제조업 외의 부문에서는 생산성이 개선되는 속도가 훨씬 더 느리다. 가령 2001년부터 2017년까지 독일과 일본의 제조업 생산성은 각각 2.2%, 2.7%씩 늘어난 반면, 경제 전체의 생산성은 0.7%씩 증가하는 데 그쳤다. 거듭 강조하건대, 자동화 이론가들은 생산성이 빠르게 개선된다고 추정하지만, 이는 산출량 증가율이 급격히 떨어진 데 따른 오해일 뿐이다.

고소득 국가만이 아니라 중국을 비롯한 세계경제 전체를 놓고 보더라도 동일한 추세를 확인할 수 있다(그림 3.2 참고). 1950년대부터 1960년대까지 전 세계 MVA와 GDP는 각각 7.1%, 5.0%씩 빠르게 성장했고, MVA는 성장률 면에서 상당한 격차를 보이며 GDP 성장을 이끌었다. 하지만 1970년대부터 MVA와 GDP 성장률은 차례로 둔화되기 시작했다. 이후로도 수십 년간 대체로 MVA 성장이 GDP 성장을 주도하기는 했으나 격차는 확연히 줄었고, 2008년에서 2014년 MVA와 GDP의 연평균 성장률은 나란히 1.6%라는 충격적인 수치를 기록했다. 제조업 성장이 부진한 와중에도 마땅한 대안이 나타나지 않았음을 다시 한번 입증하는

자동화와 노동의 미래

대목이다. 세계 모든 국가가 같은 방식으로, 혹은 동일한 정도로 침체를 겪지는 않았지만 중국처럼 급성장한 국가들도 침체의 영향에서 자유롭지는 못했다. 중국의 경제성장률은 2010년 이후 꽤 큰 폭으로 떨어졌고, 중국 경제에도 어김없이 탈공업화가 나타났다. 인도 또한 사정은 크게 다르지 않았지만, 다른 브릭스BRICS 국가인 남아프리카공화국, 러시아, 브라질의 상황은 훨씬 더 심각했다. 세 나라의 성장률은 코로나19 위기가 발생하기도 전인

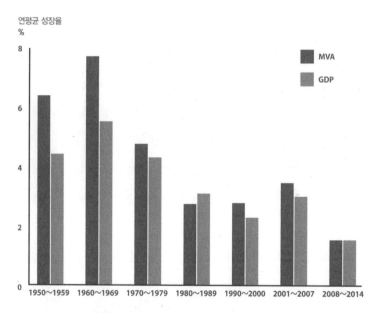

그림 3.2 세계 제조업 생산 및 총생산, 1950~2014
출처: World Trade Organization, International Trade Statistics 2015, Table A1a, World Merchandise Exports, Production and GDP, 1950~2014.

2011년 무렵부터 급락했고, 세계 제조업 생산에 큰 타격을 주었다. 그런 만큼 전 세계 MVA와 GDP 성장률은 2020년대에 더욱 떨어질 것으로 보인다.

지난 50년간의 경제 동향을 보면 제조업이야말로 유일무이한 성장 동력이었음을 알 수 있다.[7] 제조업은 특정 기술을 여러 분야에 고루 적용할 수 있으므로 생산성을 점진적으로 높이기 쉽다. 또한 제조업에서는 생산 규모가 커질수록 생산성이 높아지는 규모의 경제가 나타난다. 베르둔의 법칙Verdoorn's law 으로 알려진 경제 원리에 따르면 제조업 산출량이 늘어나는 속도가 빠를수록 생산성 성장도 빨라진다. 그래서 일각에서는 더 이상 발명할 것이 없을 만큼 과학기술이 발전했기 때문에 불황이 나타난 것이라 보기도 한다. 그러나 제조업 생산성 증가율의 감소는 제조업 자체의 성장이 둔화된 결과이지 그 반대가 아니다.[8]

한편 제조업에는 명확한 경계가 없다는 특징이 있다. 제조업은 제조업 공정을 적용할 수 있는 모든 경제활동을 포함하므로 제조업의 범위는 시간이 갈수록 넓어진다. 또한 농업이나 가내 공업, 가사 서비스업 등 생산성이 낮은 부문에 있는 노동자를 생산성이 높은 제조업 일자리에 재배치하면 노동자의 소득수준과 경제성장률을 높이는 효과를 얻을 수 있다. 가령 일본, 대한민국, 대만처럼 소득 면에서 서구를 따라잡은 나라들은 대부분 공업화를 통해

자동화와 노동의 미래

빠르게 성장했다. 이들은 첨단 기술을 바탕으로 제조업 생산을 확대해 세계시장에 진출할 기회를 십분 활용했다. 국내 시장에만 의존했다면 그렇게 빠른 성장은 꿈도 꾸지 못했을 일이다.[9]

부가가치를 기준으로 보면 제조업이 전체 경제에서 차지하는 비중이 줄어들고 있으므로 제조업의 중요성을 이토록 강조하는 것이 뜻밖일 수 있다. 그러나 부가가치가 아니라 중간투입(기업이 생산 과정에서 소비하는 재화와 서비스)에 드는 비용까지 고려한 총산출액을 기준으로 보면 제조업이 전체 경제에 남기는 '발자국footprint'은 훨씬 더 커진다.[10] 막대한 무역수지 적자를 내는 미국에서도 2000년 제조업 총산출액은 GDP의 42%에 달했고, 경기 침체가 심각해진 2010년대에도 GDP의 30% 수준이었다. 일본의 경우 2017년 제조업 총산출액은 GDP의 59%로 미국에 비해서 훨씬 높았다.[11]

대안 부재

각국의 기술 역량이 엇비슷해지고 전 세계가 생산능력 과잉에 빠져 시장 경쟁이 치열해지면서 제조업이라는 성장 엔진이 줄곧 파열음을 내고 있지만, 제조업만큼 빠른 성장을 이끌 대안은 여태 보이지 않는다. 생산성이 낮은 직종에서 높은 직종으로 재배치되어야 할 노동자들은 반대로 서비스업을 비롯해 생산성이 낮은 일자리에 몰린다. 각국이 탈공업화하면서 거대 자본은 새로운 고정자본에 장기 투자하는 대신 유동성이 높은 자산을 취득하여 수익을 내고자 금융 부문으로 몰려들었다.[12] 제조업의 생산능력 과잉이 심각하다해도 실물 경제에는 그보다 나은 자본 수익을 가져다줄 투자처가 없다. 그런 분야가 있었다면 자본축적률이 높아져 GDP 성장률 또한 높게 나타났으리라. 정작 기업들은 투자를 계속 줄이고 쌓아둔 현금을 자사주 매입이나 배당금 지급에 사용해 대부 자금의 공급이 수요를 훌쩍 넘어서면서 장기 금리가 곤두박질치고 있다.

이러한 상황에서 막대한 자금이 금융자산으로 흘러들었다. 자산 가격에 거대한 버블이 생기면 부유한 가계들이 연소득 대비 소비지출을 늘리는 '부의 효과wealth effect'가 발생하곤 한다.[13] 자산 가격이 오르면서 여윳돈이 늘어난 것처럼 느껴지기 때문이다. 미국 경제는 이처럼 버블이 부추기는 소비에 의존해왔다.[14] 그런 와중에 버블이 터지면 예의 부유한 가계들이 빚을 갚기 위해 소비를 줄이면서 경제가 장기 불황에 빠진다. 일본은 1991년 버블 붕괴 후 대차대조표 불황balance-sheet stagnation*을 최초로 경험한 나라이므로 이같은 현상을 '일본화Japanification'라고도 한다.[15] 버블 붕괴로 경제성장이 둔화되면 제조업을 대체할 지속 가능한 성장

자동화와 노동의 미래

동력이 없다는 사실은 더욱 분명해진다. 고소득 국가들은 금융화 finacialization[**]에도 불구하고 여전히 제조업의 상황에 따라 부침을 겪는다(기업들이 다른 나라의 저비용 기업에 순순히 자리를 내주는 대신 기존의 생산능력을 더 유연하고 효율적이게 개선함으로써 어떻게든 과잉 축적overaccumulation[***]에 대응하려 하는 이유가 여기에 있다).[16]

일례로 1980년대 말과 1990년대 초, 미국의 제조업은 달러 가치가 급락한 덕분에 잠시나마 부진에서 벗어났다. 여기에 더해 실질 임금이 정체되고 법인세가 줄어들면서 미국 제조업 기업들은 노동계급의 희생을 대가로 국제경쟁력을 크게 끌어올릴 수 있었다.[17] 당시 미국 경제의 부흥을 두고 일각에서는 정보통신기술ICT이 이끈 작은 호황이라 평가하기도 한다. 그러나 이 시기 미국의 호황이 세계경제의 흐름과 무관하게 나타난 것은 아니었다. 1985년 이후 달러 가치가 하락하면서 유럽과 일본의 통화는 역으로 강세를 보였고, 이는 제조업 기업들의 경쟁력 약화, 고정자본 투자율과 경제성장률의 감소로 이어졌다.[18] 유럽과 일본의 경제는 정보통신 기술 발전에 따른 회복을 경험하기는커녕 1970년

---

[*] 가계와 기업의 빚이 늘고 자산 가격이 하락하면서 구성원들이 부채를 줄이는 데 몰두해 나타나는 침체.

[**] 경제 전체에서 금융 부문의 비중이 비대해지는 현상.

[***] 자본이 과도하게 많아지면서 자본의 생산성이 낮아진 상황.

대부터 2000년대 초까지 장기간에 걸쳐 성장세가 둔화되었다. 일본의 경우 제조업에서 빠져나온 자본이 금융자산으로 유입되어 악명 높은 (자산 버블 시대 중에서도 가장 심각한) 부동산 버블을 형성했고, 이후 버블이 터지자 일본 경제가 나락에 빠진 것은 물론 세계경제마저 흔들렸다. 1990년대 초 일본 중앙은행이 시행한 비상 대응 조치는 2008년 세계 금융 위기 이후 미연방준비제도와 유럽 중앙은행에 본보기가 되기도 했다.[19]

당시의 위기가 전 세계로 확산되지 않은 것은 1990년대 중반 미국이 달러 가치를 절상할 뜻을 내비치면서 독일과 일본이 어느 정도 세계시장에서의 위치를 되찾도록 여유를 주었기 때문이다. 그러나 미국의 구제책은 의도치 않은 결과를 초래했다. 미국뿐 아니라 대한민국처럼 통화가치가 달러에 연동된 동아시아 국가에서 막 시작된 호황이 버블로 이어진 것이다. 미국과 동아시아에서도 제조업은 더 이상 경제성장의 원동력으로 기능하지 못했고, 자본은 금융자산으로 몰려들었다. 이에 따라 동아시아는 1997년, 미국은 2001년과 2007년에 자산 버블 붕괴를 겪었다. 제조업의 생산능력 과잉과 과소 투자에 따른 불황이 구조적인 경향으로써 보다 깊숙이 자리 잡았음을 보여주는 대목이다.[20]

한편 제조업을 대체할 지속 가능한 성장 동력이 없다는 사실은 왜 저소득 국가들이 세계 제조업 시장의 공급 과잉에도 불구하

자동화와 노동의 미래

고 자국 기업의 제조업 진출을 장려해왔는지도 설명한다.[21] 제조업 시장은 전 세계 수요에 접근하는 핵심 통로로서 대체가 불가능하다. 농업의 경우 제조업과 마찬가지로 생산능력 과잉에 시달리며, 그 정도가 제조업보다 훨씬 심각하다. 반면 서비스는 대체로 교역이 불가능하므로 수출 시장에서 차지하는 비중이 미미하다.[22] 따라서 어떤 나라든 세계시장에서 입지를 확고히 다지려면 제조업 부문에 비집고 들어갈 방법을 찾아야 한다. 2001년에서 2007년 사이에는 세계 제조업 성장률이 상승하면서 브릭스 국가들이 잠시나마 수출 주도 성장을 이룰 기회를 얻었다. 이에 일부 경제학자는 식민주의의 영향으로 지난 수 세기 동안 벌어진 지역 간 소득 격차가 이제야 비로소 줄어들고 있다는 견해를 내놓기도 했다.[23] 그러나 당시의 짧은 호황은 고소득 국가들의 부채 기반 소비에 기댄 것이었으며, 2007년 미국의 부동산 버블이 터지자 순식간에 막을 내렸다. 제조업의 생산능력 과잉과 과소 투자가 세계 어디서나 나타나는 보편적 경향임을 다시 한번 입증하는 사례다.

불황은 특히 저소득 국가와 중간소득 국가에 막대한 충격을 주었다. 이 나라들이 더 가난해서가 아니라 단지 노동인구가 급속도로 불어나는 시기에 불황이 닥쳤기 때문이다. 1980년부터 2018년까지 임금노동자와 수입이 없는 노동자를 모두 포함한 세계 노동인구가 75% 가까이 늘어났고, 세계 노동시장에는 15억 명의 노동자가 유입되었다.[24] 노동시장의 신규 참여자들은 대부분 저소득 국가 출신이었으며, 세계 제조업의 생산능력 과잉이 탈식민 국가들의 성장 패턴에 영향을 끼치기 시작할 무렵 성장기를 보내고 취업 전선에 뛰어든 불운한 세대였다. 1970년대 말과 1980년대 초, 미국과 유럽에서 공산품 수입 증가세가 둔화되자 1982년 제3세계에서 대규모 외채 위기가 발생했다. IMF는 위기에 빠진 국가들에 구조조정을 강요하여 세계 경제성장률이 날로 떨어지고 중국의 성장으로 한층 경쟁이 치열해지는 상황에서도 그들이 세계시장에 더 깊이 의존하도록 만들었다.[25]

혹자는 전후 '황금기'라는 예외가 아니라 제1차 세계대전 이전 같은 과거로 기준을 바꿔 생각하면 현재의 낮은 경제성장률도 이상할 것이 없다고 주장할 것이다. 하지만 노동수요 감소를 전 세계 차원에서 살펴보면 무엇이 다른지가 드러난다. 벨 에포크Belle Epoque 시기(1870~1913)의 평균 경제성장률이 지금과 좀 더 비슷했던 것은 사실이나[26] 당시에는 인구 대다수가 농촌 지역에 살며 생활에 필요한 것을 대부분 자급자족했다.[27] 또한 유럽의 제국주의 국가들은 새로운 제조업 기술을 몇몇 지역에만 전파하고, 그 외의 지역에는 공업화의 싹을 없애는 방식으로 세계를 지배했다.[28] 다만 이 시기에는 노동시장에 진입한 인구가 소수에 불과한 데다 공업화가 일어난 국가는 극히 일부였음에도 불구하고 양차 세계대전 사이 기간과 마찬가지로 지속적인 노동저수요로 인한 고용불안과 불평등이 심해졌으며, 경제적 관계를 바꾸려는 사회운동이 격화되었다.[29] 이 점에서 벨 에포크 시기와 오늘날의 세계는 분명 닮은 데가 있다.[30] 그러나 오늘날에는 먹고살기 위해 노동시장에 뛰어들 수밖에 없는 인구의 비율이 훨씬 높으며, 수많은 노동자가 노동저수요 환경에서 어떻게든 일자리를 구해야 하는 불안한 처지에 놓여 있다. 더군다나 불황을 야기하는 요인들을 해결하지 못한 가운데 코로나19까지 유행하며 경제성장률은 떨어질 가능성이 높아졌다. 역사적인 선례들을 보더라도 전쟁 이후에는 호황이 시작된 반면, 팬데믹이 종식된 다음에는 장기 침체가 찾아왔다.[31]

과학기술의 역할

자동화 이론가들이 과학기술의 발전에 따른 결과로 꼽는 문제들은 실상 지난 수십 년간 제조업의 생산능력 과잉과 과소 투자로 인해 불황이 심화된 결과다. 또한 자동화 이론가들은 생산성이 빠르게 늘면서 노동수요가 줄었다 가정하지만, 실제 노동저수요의 주원인은 산출량의 증가세가 둔화되었다는 데 있다. 물론 이들의 오해에 근거가 없는 건 아니다. 노동수요는 생산성과 산출량 증가율 간 격차에 의해 결정된다. 이 격차가 줄어드는 이유를 산출량 증가율이 감소해서가 아니라 생산성이 개선되기 때문으로 착각하면 현실을 정반대로 해석하게 되는 것이다. 그리하여 자동화 이론가들은 자신들의 주장을 입증할 근거를 과학기술에서 찾느라 논리의 비약을 범하며, 노동저수요를 낳은 진짜 원인을 놓치고 만다. 그 원인이란 세계 제조업 시장의 과포화와 고정자본 투자율의 감소, 그리고 이에 따른 경기 침체다.

다만 자동화 자체가 노동저수요의 주요인은 아닐지라도 경제 성장이 둔화된 가운데 과학기술이 빠르게 발전하면 일자리가 대거 사라질 수는 있다. 2000년에서 2010년 사이 미국의 제조업 일자리가 급격히 줄어든 것이 그 예다. 만약 경제가 빠르게 성장하고 있었다면 금방 새 일자리가 생겨나 사라진 일자리를 대체했을 것이다(그랬다면 우리는 '창조적 파괴'의 전형적인 예를 두 눈으로 목격했을 것이다).[32] 그러나 경기가 부진에서 헤어나지 못하는 한, 실직한 노동자가 새 일을 찾기란 여간 어려운 일이 아니다. 이렇듯 세계경제가 처한 환경을 정확히 파악하면 과학기술이 일자리를 줄인다는 주장을 재검토할 수 있고, '자동화'라는 용어가 어떻게 이 문제에 관한 오해를 불러일으키는지 알 수 있다.

자동화 이론가들은 과학기술과 일자리 사이의 상관관계를 찾

자동화와 노동의 미래

는 과정에서 자가당착에 빠진다. 자동화 담론을 다룬 저작은 대개 디지털 시대의 연구개발 활동을 다루면서 흰 가운을 걸친 엔지니어들이 '최종 결과'나 '사회적 영향'에 대한 걱정은 접어둔 채 그저 과학기술이 '이끄는 대로' 따라가는 것으로 묘사한다.[33] 또한 자동화 관련 서적에는 컴퓨터 성능이 기하급수적으로 향상되었음을 보여주는 그래프가 단골로 등장하는데, 저자들은 이를 가지고 반도체 집적회로의 성능이 24개월마다 2배씩 빨라진다는 무어의 법칙이 기술 변화 전반에 적용되는 양 이야기하며, 과학기술이 예정된 수순에 따라 발전한다는 암시를 준다.[34] 그리고 이 암시는 이른바 '특이점'에 대한 환상, 즉 기계의 지능이 인간의 이해를 넘어선 속도로 발전하여 SF에 나올 법한 인공일반지능이 탄생할 날이 머지않았다는 환상을 부채질한다.[35]

그에 반해 현실은 어떠한가. 과학기술 개발에는 어마어마한 자원이 들어가기에 연구자들은 정해진 계획에 따라 성과를 내야 하며, 기업은 수익을 가져다줄 수 있는 기술을 개발하는 데 열중한다. 디지털 서비스의 경우 보통 사용자들에게 무료 온라인 서비스를 제공하므로 수익원을 찾기 어렵다는 문제가 있다. 그러다 보니 페이스북 개발자들 같은 경우 인공일반지능은 뒷전으로 미룬 채, 사용자들이 중독에 빠져 계속 알림을 확인하고 콘텐츠를 올리고 광고를 보도록 만들기 위해 슬롯머신을 연구한다.[36] 결국 디지털 기술은 여느 과학기술과 마찬가지로 '가치 중립적'일 수 없다.[37] 가령 인터넷은 미국 정부에 의해 개발되었고, 자본주의하에서 기업들의 손을 거쳐 오늘날에 이르렀지만, 조건이 달랐다면 얼마든지 지금과 다른 모습으로 발전했을 것이다. 로봇공학 또한 마찬가지다.[38] 과학기술은 다양한 형태로 발전할 가능성이 있지만, 그 방향을 결정하는 데 가장 큰 영향을 끼치는 것은 자본의 힘이다.[39] 공장 노동자의 권한을 높이는 기술은 나오지 않는 데 반해, 그 노동자를 면밀히 감시하는 데 쓰일 수 있는 기술은 빠르게 상품화되어 불티나게 팔리는 이유가 무엇이겠는가.[40] 따라서 기존 기술을 활용해 새로운 해방적 기획을 이루기 위해서는 자본주의 사회에서 과학기술이 변화하는 양상에 주목해야 한다. 과학기술을 개발하는 목적이 이윤 추구에 있는 한, 과학기술이 발전한다 한들 인간이 고된 노동에서 해방되기는 어렵다. 특히나 지금처럼 값싼 노동력이 넘쳐나 쉽게 노동을 착취할 수 있다면 그럴 가능성은 더욱 낮다.

하지만 기술 변화로 노동이 완전히 사라지지 않더라도 일부 산업 분야에서 일자리가 대거 소멸되는 일은 드물지 않다. 신기술의 등장으로 작업 공정이 완전 자동화되는 경우도 있지만, 기술혁신을 통해 특정 산업 분야에서 오랫동안 생산성 향상을 가로막던 장애물을 극복하는 것이 보다 일반적이다. 가령 농업은 현대적인 생

　　　　　　　　　　　　자동화와 노동의 미래

산 방식을 적용함으로써 탈바꿈한 최초의 산업 분야다. 15~16세기 영국의 농촌에는 윤작의 도입에 이어 울타리를 친 농지에 양을 키우는 목축 방식이 등장하면서 농업 산출량이 늘어났다. 그러나 경작지가 고르지 않고 계절성이 큰 탓에 농업의 기계화는 여전히 요원했고, 농업은 이후로도 수 세기 동안 고용의 주 원천으로 남아 있었다.[41] 이후 1940년대에 이르러서야 합성 비료의 발달, 곡물 품종의 개량, 농기구의 기계화, 농약의 개발 등을 통해 농축산물 생산이 공업화되었고, 농업 원리에 대전환이 일어났다.[42]

농장이 흡사 야외에 설치된 공장처럼 돌아가기 시작하면서 농업의 노동생산성은 비약적으로 상승했다. 그러나 농산물 수요가 늘어나는 데는 한계가 있었기에 농업 부문에서 실직자가 폭증했다. 1950년까지만 해도 농업이 고용에서 차지하는 비중은 서독이 24%, 프랑스가 25%, 일본이 42%, 이탈리아가 47%에 달했으나, 2010년에 이르러 네 국가 모두 5% 아래로 떨어졌다. 또한 1950년대와 1960년대에 일어난 녹색혁명으로 열대기후에서도 공장식 농업이 가능해지면서 농업 고용은 엄청난 타격을 입었고, 1980년대까지 50%가 넘던 세계 농업 인구 비율은 2018년 28%로 떨어졌다.[43] 20세기에 가장 많은 사람의 생계를 위협한 것은 첨단산업을 이끄는 '실리콘 자본주의'가 아니라 농업을 바꾼 '질소 자본주의'였다 해도 과언이 아니다. 그 결과 농업에서 쫓겨난 수억 명의 노동자가 노동시장으로 몰려들었지만, 이들을 위해 즉각 일자리를 마련하기란 불가능한 일이었다.

과거에 그랬듯 21세기에도 발명가와 엔지니어들은 산업 발전을 가로막는 생산상의 난점들을 해결할 방법을 찾아낼 것이다. 문제는 경제성장이 둔화된 시기에는 생산성 증가율 또한 떨어지는 경향을 보인다는 데 있다. 기업은 대규모 생산 설비 투자를 꺼리고, 박람회에 전시된 많은 발명품이 상품화되지 못한 채 폐기된다. 물론 생산성이 빠르게 개선되는 분야가 전혀 없으리라는 말은 아니다. 장거리 운송업이나 도소매업의 경우 여러 혁신으로 인해 머지않아 일자리가 대거 사라질 가능성이 크다.[44] 하지만 경제 전반의 자본축적률과 노동생산성 증가율이 떨어지는 상황에서는 이러한 일자리가 얼마만큼 줄어들지 예측하기 어렵다.

한편 세계경제를 기준으로 보면 트럭 운송이나 물류보다 의류 및 신발 산업, 전자제품 조립 공정의 자동화가 훨씬 큰 문제다. 전 세계 수많은 노동자의 생계와 저소득 국가들의 외화 소득이 이 분야에 달려 있기 때문이다.[45] 직물을 섬세하게 다뤄야 하는 재봉은 기계가 하기에 적합하지 않아 과학기술을 통한 현대화로부터 오랫동안 동떨어져 있었다. 1850년대에 싱거singer에서 출시한 재봉틀이 가장 최근에 이루어진 주요 혁신이었을 정도다. 전자제품 조립은 재봉에 비해 역사가 짧지만 역시나 작은 부품을 섬세하게 다

자동화와 노동의 미래

뤄야 한다는 점에서 노동절약형 혁신이 나오기 어려웠다. 이에 따라 재봉과 전자제품 조립은 다른 제조업 공정이 고도로 기계화되는 와중에도 기술적으로 뒤처져 있다가 1960년대에 소매, 의류, 전자제품 기업들이 수요 증가에 대응하고자 저소득 국가의 공급 업체들과 계약을 맺으면서 한발 먼저 세계화되었다.[46] 공급 업체들 간의 각축전이 끊이지 않는 이 분야는 제조업 공급 사슬의 첫 번째 연결 고리로서 여전히 중요한 위치를 차지한다.

1990년대부터는 중국이 재봉과 전자제품 조립의 중심지로 떠올랐으나, 이후 중국의 임금수준이 상승하자 베트남과 방글라데시 같은 나라들의 경쟁력이 높아졌다. 그러는 사이 로봇공학의 발전으로 오랫동안 기계화를 가로막던 난점들이 마침내 해결될 기미를 보이고 있다. 해당 분야의 중심지인 동아시아와 동남아시아는 아직까지 자본축적 속도가 비교적 빠른 만큼, 발명이 산업 혁신으로 이어질 확률이 높다. 가령 대만의 폭스콘은 소득수준이 더 낮은 국가의 기업들보다 우위에 서기 위해 조립용 로봇 '폭스봇'을 만들어 제조 현장에 투입하고 있다. 중국과 방글라데시에서는 의류 업체들이 최신 직조 기술을 활용해 나이키의 '플라이니트' 신발 같은 새로운 제품을 생산할 뿐만 아니라 봉제용 로봇인 '소봇sewbot'을 도입하고 있다. 이 같은 혁신은 완전 자동화까지 이어지지는 않더라도, 단기간에 많은 일자리를 없애거나 아프리카처럼 소득수준이 낮은 지역이 세계시장에 진출하는 것을 가로막을 수 있다.[47] 자동화 기술이 재봉이나 전자제품 조립 분야를 뒤바꿀 만큼 발전하는 것이 10년이나 20년 후일지, 아니면 도중에 실패할지는 현재로서 불확실하다. 그러나 설령 자동화에 큰 진전이 없다 해도 '스마트 팩토리'처럼 제조업의 디지털화를 이끄는 기술이 발전하면 산업 협력 단지를 조성해 관련 서비스들을 가까이서 이용하는 편이 유리할 것이며, 그 결과 제조업 일자리는 전 세계로 분산되기보다 일부 지역에 몰릴 가능성이 있다.[48]

이처럼 노동집약도가 높은 분야에서 기술혁신이 일어나 기계화를 가로막던 벽이 허물어지는 경우, 새로운 과학기술을 노동수요를 줄이는 요인 중 하나로 꼽을 수 있다. 그러나 여기서도 문제의 핵심은 해당 분야에서 일자리가 빠르게 사라지는 것이 아니라 경제 전반에서 이를 상쇄할 새 일자리를 만들지 못한다는 데 있다. 앞서 논의했듯, 자동화 이론가들의 주장과 달리 일자리 창출이 부진한 것은 과학기술이 급격히 발전해서가 아니다. 그랬다면 각종 경제지표를 통해 생산성 향상을 눈으로 확인할 수 있었겠지만, 정작 생산성 증가율은 오르기는커녕 날로 떨어지고 있다. 노동저수요의 진짜 원인은 제조업의 성장 동력이 위축되는 가운데 새로운 대안을 찾지 못하면서 경제 부진에 빠진 데 있으며, 이에 따른 불황은 팬데믹 이후 더욱 심해질 것이다.

팬데믹으로 인해 머지않아 자동화가 가속화되리라는 예측이 공허하게 들리는 이유는 여기에 있다. 이 같은 예측은 자동화가 기술적으로 실현 가능하다는 주장을 경제성이 있다는 말로 착각하는 데서 비롯한다(자동화가 실현 가능하다는 생각 자체도 입증된 바 없는 불확실한 가정일 뿐이다). 물론 몇몇 기업은 실제로 코로나19에 대응하여 로봇 투자를 늘리고 있다. 가령 월마트는 재고를 조사하고 통로를 청소하는 자동 로봇을 구입해 미국 매장에 배치했다(월마트는 2020년 말에 이 프로젝트를 포기했다). 일부 소매업체는 온라인 주문이 기하급수적으로 늘 것이라 보고 주문된 상품을 빠르게 분류하도록 돕는 로봇을 마이크로 풀필먼트 센터micro-fulfillment centre*에 설치해 일부 지역에서 시범 운영 중이다.[49] 그러나 이런 사례는 한동안 예외로 남을 공산이 크다. 경기 침체에서 벗어나지 못하는 한 제품 수요 증가를 기대하기는 어려우므로 기업들은 대규모 신규 투자에 나서는 대신, 기존 설비를 유지한 채 고용을 줄이고 남은 노동자의 작업 속도를 높여 비용을 절약할 것이다. 기업들은 지난번 경제 위기에도 꼭 같은 방식으로 대처했다. 자동화 이론가들은 흔히 자동화가 지난 10년간 가속화되었다고 섣불리 단정하고서 이를 바탕으로 미래를 전망하곤 한다. 하지만 수

---

* 신속한 배송을 위해 도심 내에 설치한 소규모 물류 센터.

요가 뒷받침하지 않는 가운데 그만한 투자에 나설 기업은 없었고, 2010년대 미국의 자본축적과 생산성 증가율은 전후 최저 수준을 기록했다. 여기에 코로나19 팬데믹까지 닥치며 상황은 악화일로를 걷고 있다.

자동화와 노동의 미래

4장

낮은 노동수요

자동화 담론은 경제학자 바실리 레온티예프가 제시한 '장기 기술적 실업long-run technological unemployment' 개념에 기반을 둔다. 자동화 이론가들은 자동화로 인해 일자리가 사라진 일부 사례를 일반화하여 수십 년 내에 완전 자동화가 실현돼 '완전 실업full unemployment'이 나타나리라 전망한다. 가령 에릭 브린욜프슨과 앤드루 맥아피는《제2의 기계 시대》에서 과거 '고래 기름'이나 '말의 노동력'이 그랬듯 인간의 노동 또한 '공짜가 되더라도 더 이상 경제에서 쓸모가 없는' 날이 곧 올 것이라 주장한다.[1] 정말로 완전 자동화가 실현되어 일자리가 한순간에 사라진다면 사회생활은 임금노동을 중심에 두지 않는 방향으로 재편될 수밖에 없다.[2] 2장과 3장에서 논의했듯 이 같은 예측은 설득력이 떨어지지만, 세계 경제가 노동저수요에 시달린다는 자동화 이론가들의 진단은 이

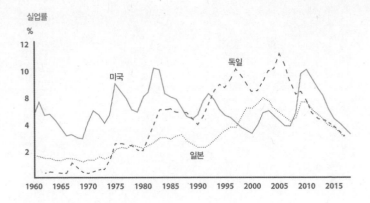

그림 4.1 미국, 독일, 일본의 실업률. 1960~2017
출처: OECD Main Economic Indicators, Unemployment Rate, Ages 15 and over.

책의 시각과 일치한다. 다만 자동화 담론에 따르면 노동저수요는 자동화로 인한 실업률 상승을 동반했어야 하는데 실제로는 어땠을까?

2008년 세계 금융 위기 이후 가파르게 치솟던 선진 자본주의 국가의 실업률은 2010년대에 들어 회복세를 보였다. 과거의 불황 회복기에 비해 속도는 훨씬 느렸지만 어찌 되었든 실업률 자체는 감소했다(그림 4.1 참고). 그러다 2020년 코로나19 팬데믹으로 실업률이 재차 급등했고, 미국에서는 전례 없는 속도로 실업이 늘어났지만, 이는 자동화와 무관한 일이었다. 과거 사례를 바탕으로 예측하건대, 앞으로 10년간 실업률은 느리게나마 다시 하락할 공산이 크다. 이렇듯 실업률 관련 데이터는 장기 기술적 실업

자동화와 노동의 미래

이 나타난다는 주장에 들어맞지 않지만, 이 점을 근거로 노동수요가 줄어들지 않았다고 판단해서는 안 된다. 경제 부진에 대한압박으로, 노동저수요가 나타나는 양상이 완전히 달라졌기 때문이다. 이제 노동저수요는 실업이 아니라 여러 형태의 만성적 '불완전고용underemployment'으로 나타나며, 그 심각성을 측정하기가 더욱 어려워졌다.[3]

많은 논자가 인정하듯, 우리는 '일자리가 없는' 시대가 아니라 '좋은 일자리가 없는' 시대에 들어서 있다. 평범한 노동자는 노동소득 없이 오래 지낼 수 있을 만큼 주머니 사정이 넉넉하지가 않다. 앤드루 양의 말처럼 "노동자들은 먹고살기 위해 계속 일을 해야 하므로" 보수가 형편없든, 근무시간에 제한이 있든, 근무 환경이 열악하든 간에 "눈에 보이는 대로 아무 일이나 할 수밖에 없다."[4] 자동화 이론가들은 이 같은 추세를 눈에 띄지 않는 곳에서 기술적 실업이 늘어난 결과로 간주한다. 그러나 실상 급격한 자동화를 보여주는 사례는 눈에 띄지 않는 곳이든 어디서든 찾아보기 힘들다. 지난 50년간 일자리 창출률이 둔화된 주원인은 어디까지나 평균 경제성장률이 계속 떨어졌다는 데 있다. 그 결과 경기 침체기에 직장을 잃은 노동자는 이후 경제가 미미하게나마 되살아나는 동안에도 비슷한 수준의 일자리를 찾기 힘들어졌고, 실업자들 상당수가 구직 자체를 포기하고 있다. 대부분의 정부는 취업자

의 일을 나눔으로써 고용 기회를 늘리는 워크셰어링work sharing
을 장려하기보다 실업급여 혜택을 줄이는 방식으로 노동저수요
에 대응했다. 그리고 실업자들이 임금과 기술 수준이 낮은 일이라
도 손에 잡히는 대로 할 수밖에 없도록 밀어붙였다.

조건을 따질 수 없는 노동자들

1960년대까지만 해도 역사상 최저 수준이던 고소득 국가들의
실업률은 1970년대부터 치솟기 시작했고, 이후 미국을 제외한 나
라들은 수십 년간 이전 수준의 실업률을 회복하지 못했다.[5] 그리
고 이러한 상황은 곧 실업보험 제도의 위기로 이어졌다. 실업보험
은 고성장 시대에 잠깐씩 나타난 주기적 실업을 염두에 두고 만
든 까닭에 경기 침체기의 장기 실업에 적합하지 않았다. 이에 각
국 정부는 실업자들의 구직을 유도하기 위해 노동 보호 장치를 줄
이고 실업급여를 삭감했으며, 수동적인 소득 보장 제도를 적극적
인 노동시장 정책으로 대체했다.[6] 2016년 덴마크와 스웨덴은 취
업 알선 서비스, 직업훈련, 고용 인센티브 같은 정책에 GDP의 1%
에 달하는 예산을 투입하여 취업을 장려하고자 했으나, 경제성장
이 둔화된 탓에 결과는 신통치 않았다. 다른 고소득 국가들의 대

자동화와 노동의 미래

처는 덴마크나 스웨덴보다도 미적지근했다. 2016년 OECD 국가들이 적극적 노동시장 정책에 쓴 예산은 정부가 직접 일자리를 만드는 데 쓴 비용을 제외하면 GDP의 0.3%에 불과했다.[7]

　대다수 노동자는 이 같은 여건에서 오랫동안 일하지 않고 지낼 수 없다. 그들은 임금 소득 없이는 먹고살 수가 없기에 노동시장의 조건이 얼마나 악화되든 일자리를 구해야 한다. 아무리 낮은 임금이라도 받아들일 수밖에 없는 노동자가 늘수록 세계경제는 마르크스가 《자본론》에서 묘사한 19세기의 현실에 가까워진다. 마르크스에 따르면, 불황기에는 자본주의를 떠받치는 실업인구인 "산업 예비군", 혹은 "상대적 과잉인구" 가운데서도 '정체적stagnant 과잉인구'가 늘어난다. 정체적 과잉인구란 "대규모 공업이나 농업에서 잉여로 전락한 노동자들로 구성"되며, "노동계급 중 스스로를 재생산하고 영구화하는 요소로서 전체 노동계급 증가분 가운데 비교적 큰 비중을 차지한다." 또한 이들은 "노동시간은 가장 많고, 임금은 가장 적다는 특징"이 있어 "생활 형편이 노동계급의 정상적 평균 수준 이하로 떨어지는" 경향을 보인다. 마르크스는 이러한 과잉인구의 확대야말로 "자본주의 축적의 절대적 일반 법칙이라 단언한다."[8] 《자본론》이 나온 지 150년이 넘었지만 오늘날 마르크스의 분석은 또다시 현실이 되고 있다. 지난 수십 년간 경제가 느릿느릿 성장하는 가운데, 실업자와 노동시장 신규 참여자들은 임금이나 노동 환경이 평균 이하인 질 낮은 일자리를 받아들여야 했다. 마르크스가 살았던 시대와 달리 오늘날에는 제2차 세계대전 이후 등장한 복지국가 제도가 이러한 상황을 부추기는데, 복지 제도가 나날이 쇠퇴하는 와중에도 노동시장의 형태에 영향을 끼쳤다. 노동자의 불안정한 지위가 노동계급 전체로 확산될지, 아니면 특정 인구에 한정될지는 각국 복지 제도의 특성에 따라 달라진다.[9]

노동시장의 변화를 가장 잘 보여주는 사례는 미국이다. 미국에서는 노동조합에 가입한 노동자만 기본적인 고용 보호 혜택을 누릴 수 있다. 노동조합에 가입하지 않은 노동자는 명백한 차별 행위가 아닌 이상 고용자가 마음대로 고용하고 해고할 수 있다. 1974년에서 2019년 사이 미국의 평균 실업률은 1948년에서 1973년 사이에 비해 30%가량 높았는데, 주요 원인은 경기 침체에 따라 일자리 창출률이 낮아졌다는 데 있었다. 또한 민간 부문의 노동조합 조직률은 1970년대 초만 해도 30%에 달했으나 2019년에는 6%로 대폭 떨어졌다. 따라서 기업들은 높은 실업률을 이용해 직장을 잃을까 전전긍긍하는 노동자들을 쥐어짤 수 있었고, 직장에서 해고되면 새 일자리를 찾을 길이 막막한 노동자들은 실질임금이 정체되는 상황을 울며 겨자 먹기로 받아들였다.[10]

일부 경제학자들은 지난 수십 년간 미국 노동시장에서 불리해

자동화와 노동의 미래

진 계층은 대학을 나오지 않은 노동자들뿐이었다고 주장한다. 이 논지는 일종의 덜 극단적인 자동화 담론이라 할 수 있다. 이들은 과학기술 발전으로 중간 수준의 임금을 주는 일자리가 사라져 미국의 고용 시장이 고임금과 저임금 고용으로 양분되면서 노동시장이 양극화되었다 말한다. 단순노동이 자동화됨에 따라 대졸 노동자의 임금에 점차 높은 프리미엄이 붙었고, 교육 수준과 기계의 발전 정도가 임금을 결정하는 양대 요인으로 떠올랐다는 것이다. 실제로 미국 노동자의 불안정한 지위는 인종과 교육 수준에 크게 좌우되며, 저학력층이나 유색 인종의 높은 실업률에서도 이를 확인할 수 있다. 실제로 1980년대와 1990년대 초, 일부 노동자는 대학 학위를 취득함으로써 임금을 낮추려는 압력에서 벗어나기도 했다. 그러나 이 주장에 따르면 경제활동의 자동화가 가속화되어야 했는데도 오히려 2000년대 초부터 대졸 노동자 대다수의 임금은 정체되기 시작했고, 대졸 노동자의 임금에 붙는 프리미엄도 더는 늘지 않았다. 2018년이 되자 대졸 노동자 실질 임금의 중앙값은 2000년보다 낮아졌고, 그 사이 미상환 학자금 대출 총액은 급증했다. 2000년 이후 경제성장이 눈에 띄게 둔화되면서 일자리 창출률이 낮아진 반면, 대학 졸업자의 수는 늘어 학위의 가치가 점점 떨어졌기 때문이다. 단적인 예로 2019년에는 핵심 생산인구 가운데 대졸 이상 고학력자의 비율이 40%에 달했다. 노동시장의 여건이 날로 악화되는 상황에서 학위는 예전만큼 방패막이가 되지 못했다. 대졸 노동자들은 이전까지 학위가 필요하지 않았던 분야에 뛰어들어 저학력 노동자들의 일자리를 빼앗기 시작했다. 그러는 사이 대학을 갓 졸업한 젊은 노동자 중 고용자 지원 의료보험 가입자의 비율은 1989년 61%에서 2012년 31%로 반토막이 났다. 대졸 노동자가 여전히 저학력 노동자보다 많은 임금을 받았지만 대부분 지위가 불안정하기는 매한가지였다.[11]

다른 나라와 비교할 때, 미국의 특징은 노동인구 전체가 경제적 불안에 시달린다는 것이다. 미국에서는 정규직 노동자도 언제든 해고할 수 있다. 따라서 노동저수요가 지속되는 한 어떤 노동자도 실업의 위험에서 자유롭지 못하다. 따라서 미국 기업들은 다른 나라와 달리 취약한 노동 계층을 착취하기 위해 구태여 고용 방식을 바꿀 필요가 없다. 물론 이 가운데서도 일부 기업은 노동법의 규제를 피하기 위해 새로운 고용 방식을 고안해내기도 한다. 아직 규모는 작지만 의미심장한 변화를 일으키고 있는 긱gig 경제*가 그 예다. 차량 공유 서비스 업체인 우버Uber와 리프트Lyft처럼 긱 경제를 활용하는 기업은 온라인 플랫폼을 통해 고용인에게 일감을 주면서 이들을 독립 계약자처럼 대한다.[12] 하지만 이러니저러

---

* 기업이나 소비자가 그때그때 필요에 따라 임시직 노동자를 섭외해 일을 맡기는 고용 방식.

자동화와 노동의 미래

니 해도 2017년 기준 독립 계약자나 호출 근로자, 파견 근로자, 기간제 근로자로 고용된 노동자는 전체 미국 노동자의 10%에 불과했다.[13]

반면 유럽과 동아시아 고소득 국가의 고용 환경은 미국에 비해 복잡하다. 제2차 세계대전 이후 이 지역에서는 국가적·제국적 정체성, 남성이 생계를 책임지는 가족 형태, 직장 내 공고한 위계질서를 중시하는 우파 정치인들이 주로 노동시장 제도를 설계했다.[14] 남성 가장들은 코포라티즘corporatism*에 의거한 사회적 합의를 받아들이는 대가로 높은 고용 안정을 보장받았고, 미국과 달리 고용자가 정규직 노동자를 임의로 고용하거나 해고할 수 없게 되었다. 이러한 차이는 OECD 고용 보호 지수를 통해 간략하게나마 확인할 수 있는데, 이 지수는 노동자가 해고 위험으로부터 보호받는 정도를 0에서 6 사이 수치로 나타낸다. 그림 4.2를 보면 미국의 정규직 노동자는 매우 낮은 수준(약 0.5)의 보호를 받는 반면, 영국(1.2), 일본(1.6), 독일(2.5), 이탈리아(2.5), 프랑스(2.6)의 노동자는 그보다 훨씬 더 안정된 지위를 누리는 것을 알 수 있다.[15] 후자의 국가들에서 정규직을 보장받은 가장들은 노동수요의 감소에 따른 시장의 압력에 큰 영향을 받지 않았다. 이들은 실업률

---

* 정부가 노사 대표 단체 간 협상을 적극 중재하고, 3자 간 합의를 통해 정책을 결정하는 체제.

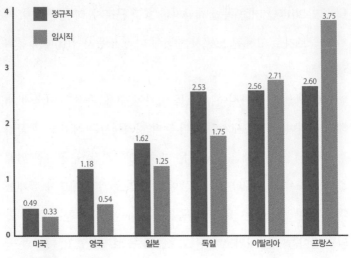

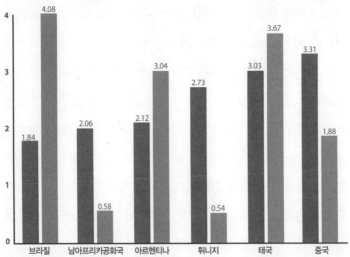

그림 4.2 OECD 고용 보호 지수, 2013~2014

출처: OECD 고용 보호 지수는 해고와 임시직 사용에 대한 규제가 얼마나 엄격한지를 나타내는 종합 지표다. 이 지표는 고용 보호 규제를 세 가지 측면에서 평가한 21개 항목으로 구성되며, 매년 1월 1일을 기준으로 산정한다.

자동화와 노동의 미래

이 10% 넘게 치솟는 와중에도 임금 인상을 요구하는 집단 투쟁에 나설 수 있었다. 실직자 또한 미국에 비해 더 많은 지원 혜택을 받았다.

따라서 대다수 고소득 국가는 미국과 달리 1970년대 중반 이후 실업률이 오르기 시작했을 때 노동자의 실질 임금이 정체되지 않았다. 실업률 증가로 가장 곤란해진 것은 노동자의 자녀와 배우자, 그리고 실직자였다. 이 일자리 위기는 배제를 강화하는 형태로 나타났으며, 고용 불안은 노동인구 전체로 확산되는 대신 특정 계층에 집중되었다. 가령 나이 든 노동자가 일자리를 잃으면 일찍 은퇴하는 수밖에 없었고, 기혼 여성은 구직 자체를 단념해야 했다. 2000년대까지도 스웨덴을 제외한 다수 유럽 국가와 일본에서 여성의 노동시장 참여율이 낮았던 이유가 여기에 있다.[16]

이렇듯 유럽이나 동아시아에서는 노동자가 보다 안정된 지위를 누렸으므로 기업들은 노동저수요 환경을 이용하기 위해서 정부가 고용 관계와 관련한 제도를 바꾸도록 압력을 행사해야 했다. 각국 정부는 기업들의 요구에 응하여 실업자나 노동시장 신규 참여자를 위한 보호 정책을 줄임으로써 이들을 이른바 '비전형 노동'의 범주로 내몰았다. 비전형nonstandard 노동은 시간제 근로나 임시직을 비롯해 계약상 제한이 있는 일자리를 포괄한다. 그중 독일의 미니잡Minijob 같은 유형은 본래 부수입을 올리려는 주부들을 위해 마련되었지만 이제는 수많은 가정의 주 수입원이 되었다.[17] 그런데도 비전형 노동자는 전형 근로계약을 맺은 노동자에 비해 고용 보호 혜택을 누리지 못한다.[18]

'프리캐러티precarity'*라는 용어가 널리 쓰이기 시작한 시기는 각국에서 여성과 청년층을 위시한 수많은 노동자의 고용 안정을 약화시키는 법이 제정되고, 이에 대한 저항이 거세지던 시기와 일치한다.[19] 가령 이탈리아에서는 2003년 비아지법Biagi law이 통과되어 기업들이 임시직 노동자를 훨씬 더 '유연하게' 해고할 수 있게 되었다. 독일에서는 2005년 노동시장 개혁의 일환으로 하르츠 IV법을 시행하여 실업자에 대한 지원을 대폭 줄였다. 프랑스에서도 노동시장에 진입하는 청년층의 고용 안정을 약화시키려는 시도가 있었으나 2006년과 2016년 노동자들에 의해 연거푸 저지당했다. 그러나 수차례 저항운동에도 불구하고 서유럽과 동아시아 고소득 국가의 노동시장은 비교적 고용이 안정된 전형 노동자와 그렇지 못한 비전형 노동자로 점차 양분되었고, 청년층이 주를 이루는 비전형 노동자의 수는 날로 늘어났다.[20] 1985년에서 2013년 사이 각국 고용에서 비전형 고용이 차지하는 비중이 어떻게 변

---

* 불안정하고 불확실한 고용 조건을 가리키는 용어. 2000년대 초 유럽의 반세계화 운동에서 핵심 슬로건으로 사용되었고, 이후 신자유주의적인 삶의 조건 전반을 지칭하는 개념으로 확장되었다.

자동화와 노동의 미래

화했는지를 살펴보면 프랑스는 21%에서 34%, 독일은 25%에서 39%, 이탈리아는 29%에서 40%, 영국은 30%에서 34%로 증가했음을 확인할 수 있다. 일본에서는 비전형 노동자와 유사한 범주인 '비정규직' 노동자의 비중이 1986년 17%에서 2008년 34%로 증가했고, 대한민국에서도 이와 비슷한 추세가 나타났다. 고용 구성의 변화는 보다 최근에 만들어진 일자리에서 극명하게 드러난다. 1990년대와 2000년대 OECD 국가들에서 창출된 일자리 가운데 무려 60%가 비전형 노동 형태의 일자리였다.[21]

경제가 활기를 잃고 고용 창출이 둔화되면서 실업자가 새 일자리를 찾기 힘들어진 시대에 고용 불안에 시달리는 노동자는 날로 늘어났다. 노동자들은 임금 상승을 요구하는 목소리를 알아서 낮추어야 했다. 1995년에서 2013년 OECD 국가들의 노동생산성이 매년 1.5%씩 느는 동안 실질 중위소득은 고작 0.8%씩 증가했는데, 이는 소득이 상위 계층에게 유리한 쪽으로 재분배되었음을 뜻한다(미국의 경우 같은 기간 노동생산성이 1.8%, 실질 중위소득이 0.5%씩 증가하여 문제가 더 심각한 것으로 나타났다).[22]

전 세계 노동인구의 과잉

글로벌 사우스 국가들의 경우, 유럽과 미국의 노동시장 제도가 뒤섞여 있으면서도 각각의 특징이 더 극단적으로 나타난다. 우선 제2차 세계대전과 식민 통치가 끝난 이후 등장한 발전국가 developmental state[*]들은 대체로 식민 지배국이었던 유럽 국가들과 유사하거나 더 강화된 노동법을 도입했다. 그림 4.2의 OECD 고용 보호 지수에서 전형 고용 계약을 맺은 정규직 노동자가 누리는 고용 안정성을 비교해 보면, 아르헨티나(2.1), 브라질(1.8), 남아프리카공화국(2.1)은 영국(1.2)보다 높으며, 중국(3.3), 태국(3.0), 튀니지(2.7)는 프랑스(2.6)보다 높다. 하지만 이만큼 고용 안정을 보장받는 계층은 어디까지나 소수의 정규직 노동자뿐이다(이들은 대개 정부 기관이나 대형 제조업체에서 일한다). 이런저런 비전형 노동에 종사할 수밖에 없는 노동자 대다수는 오히려 미국의 최하층 노동자보다도 불안정한 환경에 놓여 있다.

아프리카와 아시아, 라틴아메리카에서 비전형 고용이 증가하는 것은 노동의 탈공업화가 시작되기 전에도 심각한 문제였다. 1950년대와 1960년대에는 수입 대체 산업화가 지지부진한 와중

---

[*] 정부가 경제성장을 제일의 목표로 내걸고, 산업 발전을 적극 주도하는 국가.

자동화와 노동의 미래

에 일자리를 찾는 비농업 노동인구가 급속도로 늘면서 일자리 수요가 공급을 훌쩍 넘어섰다. 그리하여 도시에는 노점상이나 영세사업장, 자전거를 이용한 운송 서비스 등에 종사하는 인구가 급증했고, 노동인구를 조사하는 통계학자들은 이들을 '비공식 부문 고용'이라는 새로운 범주로 분류했다.[23] 세계시장의 경쟁이 한층 치열해진 1980년대와 1990년대에는 글로벌 사우스 국가들이 하나둘씩 구조 조정 정책을 받아들여 시장을 개방하자 그에 따른 충격으로 비공식 부문 고용이 크게 팽창했다.[24] 여러 국가에서 경제위기가 끝날 줄 모르고 계속되는 가운데, 대기업이나 정부 기관의 정규직 일자리를 잃거나 급여가 대폭 깎인 노동자들은 노동시장 신규 참여자와 함께 비공식 부문에 뛰어들어야 했다. 반면 기업들은 넘치는 노동인구를 이용하기 위해 고용 안정을 보장 받던 정직원을 비공식 고용 노동자로 대체하는 한편, 침체된 경제를 부양하려면 공식 부문 일자리에 대한 보호를 줄여야 한다고 정부에 로비를 벌였다.[25]

글로벌 사우스 국가들과 달리 중국은 1980년대와 1990년대에도 가파른 경제성장을 이루었다. 하지만 이 시기 중국에서는 법적으로 보호받지 못하는 노동자 계층인 '농민공'이 세계 최대 규모로 급증했으며, 중국 경제는 이들의 노동력을 발판 삼아 성장을 이어나갔다. 농민공이란 호적상 농민이지만 농촌을 떠나 도시에서 일하는 이주 노동자를 일컫는데, 이들은 도시 노동자와 달리 고용 보호 혜택을 전혀 누리지 못한다. 농민공들은 아무런 보호도 받지 못한 채 수출형 제조업체에서 옷을 재봉하거나 전자기기를 조립하지만, 이런 열악한 일자리를 두고도 치열하게 경쟁해야 하는 처지이기에 임금 인상을 요구하는 일 따위는 꿈에도 생각할 수 없다.[26]

이렇듯 전 세계에서 비전형 고용이 증가하면서 무수히 많은 노동자가 극심한 고용 불안에 빠졌다. 특히 글로벌 사우스의 노동자 대다수는 최소한의 법적 보호나 실업 혜택조차 받지 못하기에 더더욱 불안정하다. 2012년 전 세계 실업자 중 실업급여 수령자의 비율은 약 20%에 불과했다.[27] 그렇다 보니 실직한 노동자는 어떻게든 빨리 새 수입원을 찾아야 했고, 그 결과 누구나 일자리가 부족하다 인정하는 2019년에도 전 세계 실업률은 4.9%라는 낮은 수치를 유지했다. 물론 실업자의 대다수는 비공식 부문에서 일자리를 구해야 했다.[28] 국제 노동기구ILO에 따르면, 2015년 전 세계 노동인구 가운데 상근이든 비상근이든 정규직으로 고용된 노동자는 26%에 불과했고, 나머지 74%는 고용자나 자영업자를 제외하면 임시로 계약했거나 계약조차 없이 비공식 부문에서 일하는 노동자였다.[29]

따라서 '비전형 고용'이라는 말은 오늘날의 현실에 전혀 부합하지 않는 엉터리 용어다. 그 바탕에는 완전고용이 가능하리라는 20세기 중반의 믿음이 깔려 있지만, 완전고용은 어디서도 실현되지 않았으며 전 세계 인구의 대다수가 사는 글로벌 사우스에서는 헛된 공상일 뿐이었다.[30] 이제 고용이 보장된 극소수 외에 세계의 많은 노동자가 노동수요의 변화에 몸을 내맡기는 처지다. 노동저수요가 일상이 된 오늘날, 노동자들은 직장을 잃기라도 하면 무슨 수로 새 일을 찾나 싶어 마음을 졸인다. 능력이나 적성 면에서 자신과 별반 다르지 않은데도 직장을 잃거나 고용 조건이 좋지 않아 새 일자리를 찾는 노동자가 이미 수도 없이 많기 때문이다. 고용이 이토록 불안정한 이상 노동자들은 임금이 제자리든 노동 환경이 열악하든 그저 참고 견디는 수밖에 없다. 이 같은 현실은 최근에 나온 컴퓨터 기술과 별 관련이 없다. 문제의 원인은 지난 수십 년간 생산능력 과잉과 과소 투자가 지속되어 세계경제의 성장 동력을 떨어뜨렸다는 데 있다(게다가 이 와중에 전 세계 노동인구는 줄곧 늘어났다). 각국이 정책 방향을 완전히 바꾸지 않는 한, 코로나19에 따른 침체는 상황을 더욱 악화시킬 것이다.

탈공업화 시대의 침체

코로나19로 경기가 후퇴하면서 실업률이 대폭 증가했지만, 앞서 살펴보았듯 실업 문제는 다양한 형태의 불완전고용을 통해 완화될 공산이 크다.[31] 벌이 없이 오래 지낼 수 없는 사람들은 임금이나 노동 환경이 평균 이하인 일이라도 하는 수밖에 없다. 도무지 일자리를 구할 수가 없는 경우에는 비공식 부문에서 사업을 차리거나 아예 구직을 포기할 것이다. 불황이 계속되는 가운데 심각한 고용 불안은 우리 삶을 규정하는 조건으로 자리매김했다 (2020년처럼 경기가 후퇴하는 시기에는 더 말할 것도 없다). 최근의 SF 작품들은 이러한 현실을 잉여 인간으로 가득한 디스토피아로 교묘히 재현한다. 오늘날엔 대다수 민중이 하루 벌어 하루 먹는 식으로 근근이 살아가는 반면, 부유한 자산가들은 영원토록 쓸 수 있을 만큼 많은 자산을 쌓는다.[32] 먹고살기 위해 무엇이든 해야 하는 잉여 노동자들은 어떤 종류의 일을 하고 있을까?

1960년대 중반 이후 전 세계에 노동인구가 넘쳐나자 다국적 기업들은 저렴한 노동력을 이용해 이득을 보기 시작했다. 이들은 공급 업체들을 서로 경쟁시켜 생산적인 노동력을 싼 가격에 확보했고, 이를 기반으로 공급 과잉 상태의 세계시장에서 경쟁을 벌였다. 제조업체들이 전 세계 저소득 국가에 설치된 수출 가공 지구를 활용하는 한편, 고소득 국가에서는 노동자들이 임금 인상을 요구하지 못하도록 고용 계약에 차등을 두거나 노동법의 보호를 받지 못하는 노동자를 활용하는 식으로 고용 불안을 이용했다. 그러나 전 세계 노동인구 가운데 제조업 노동자의 비중은 약 17%이며 전력, 가스 등 유틸리티 산업과 광업, 운송업 종사자의 비중은 5%에 불과하다.[33] 따라서 불완전고용 상태에 있는 노동자 대다수는 여러 이질적인 업종들로 뒤섞인 서비스 부문에 속해 있는 셈이다. 서비스 부문이 고용에서 차지하는 비중은 고소득 국가의 경우 70~80%에 달하며, 이란, 나이지리아, 터키, 필리핀, 멕시코, 브라질, 남아프리카공화국 등지에서도 노동자 대다수가 서비스업에 종사한다.[34] 1973년 미국의 사회학자 다니엘 벨은 최초로 탈공업 사회의 등장을 예측한 바 있지만, 마침내 전 세계로 확산된 탈공업 사회의 모습은 그의 전망과는 확연히 다르다. 벨의 생각과 달리 오늘날 탈공업 사회에서는 연구자나 테니스 강사, 미슐랭 가이드에 등재된 유명 식당의 셰프가 아니라 골목길의 이발사, 가사도우미, 과일을 파는 행상, 대형 마트 진열대에 상품을 채우는 직원이 노동인구의 절대다수를 차지한다.[35]

경제학자 윌리엄 보멀은 1960년대 서비스 부문의 고용 성장에서 나타나는 기본적인 패턴을 명쾌하게 설명한 바 있다. 보멀의 이론을 참고하면 왜 서비스 부문의 불완전고용이 21세기 경제의 주요 특징으로 자리 잡았는지, 그리고 자동화 이론가들이 어떻게 현실을 잘못 해석하기에 이르렀는지를 짐작할 수 있다.[36] 보멀은 서비스업의 생산성 개선이 대체로 제조업에 비해 훨씬 느리다는 사실을 근거로 서비스 부문의 고용이 증가하는 이유를 설명한다. 서비스업에서는 산출량이 생산성을, 생산성이 고용을 성장률 면에서 앞지르며 산업 전체가 역동적으로 성장하는 모습을 찾아보기 어렵다(반면 제조업은 1973년 이전까지 이러한 성장 패턴을 보였다). 오히려 서비스업의 산출량 증가는 대부분 고용 증가에 따른 결과로서 나타난다(그림 4.3과 4.4 참고). 오래전 마르크스가 제시한 '정체된' 상대적 과잉인구 개념에 화답이라도 하듯, 보멀은 서비스업을 경제에서 상대적으로 '정체된' 부문으로 규정한다.[37] 따라서 세계 어디서나 '정체된' 부문인 서비스업의 비중이 커지는 것과 세계경제가 극심한 정체에서 헤어나지 못하는 것 사이에는 분명 상관관계가 존재한다.[38] 전 세계에서 노동의 탈공업화가 시작된 이후 서비스업의 고용이 크게 늘어났지만, 서비스업을 포함한 어떤 부문도 경제성장을 굳게 떠받치던 제조업의 자리를 대신할 수 없음을 재차 보여주는 대목이다.

다만 점진적 혁신을 통해 서비스 부문의 생산성 증가율을 높이기가 쉽지 않다 해서 이를 서비스 활동 자체의 특성 탓만으로 돌리기는 어렵다. 실제로 여러 서비스 활동에서 생산성 향상을 가로

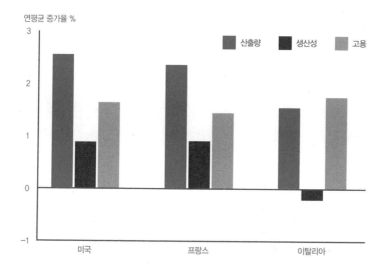

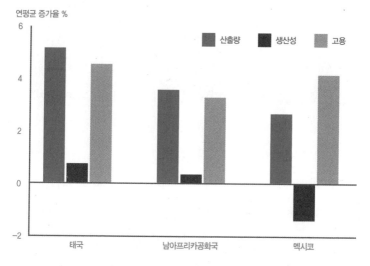

그림 4.3 미국, 프랑스, 이탈리아의 서비스 부문. 1980~2010(위)

그림 4.4 태국, 멕시코, 남아프리카공화국의 서비스 부문. 1980~2010(아래)

출처: Groningen Growth and Development Centre, 10-Sector Database, January 2015 edition.

막던 문제들을 서비스의 공업화를 통해 해결한 적 있기 때문이다. 사회학자 조녀선 거슈니에 따르면 "세탁기가 세탁소를, 면도기가 이발소를, 자동차가 대중교통을 대체했듯" 공업 제품들은 각종 서비스 활동을 가정에서 직접 수행 가능한 일로 바꿔놓았다.[39] 공업화 과정을 거쳐 제품으로 구현된 서비스는 효율을 빠르게 개선하기도 쉬워졌다. 반면 아직까지 여러 난점으로 인해 공업화하기 어려운 활동들은 여전히 서비스업의 영역에 남아 있다.[40]

제조업 가운데 재봉이나 전자기기 조립에 뒤늦게 혁신이 일어났듯 앞으로는 보다 많은 서비스에 새로운 디지털 기술이 적용될 것이며, 각종 서비스 활동이 공업화를 거쳐 훨씬 더 효율적인 셀프서비스 제품으로 대체될 것이다. 최근 들어 여행사가 점점 사라지는 것은 이러한 경향을 뒷받침하는 사례다. 하지만 그렇다 해서 오늘날 경제성장을 가로막는 장벽이 단지 기술상의 문제일 뿐이며, 정체된 서비스업이 과학기술혁신을 통해 역동적인 성장 산업으로 탈바꿈하면 경제가 회복되리라 짐작하는 것은 큰 오산이다. 경제성장을 가로막는 가장 큰 장애물은 어디까지나 전 세계의 생산능력 과잉이며, 이로 인해 경쟁자들로 발 디딜 틈 없는 세계시장에서는 어떤 분야도 산출량을 빠르게 늘리지 못한다. 1970년대 노동의 탈공업화가 시작된 이후로 가전제품을 비롯해 대량생산이 가능한 온갖 공업 제품이 쏟아져 나왔지만 생산능력 과잉 문제는 최신 제

자동화와 노동의 미래

조업 분야에서 오히려 더 심각했다. 그러므로 현재 서비스업에서 제공하는 활동을 셀프 서비스로 바꾸는 제품이 더 많이 나온다 한들 상황은 별반 달라질 것이 없다. 실직자나 노동시장 신규 참여자들은 불완전고용 외에는 선택지가 없는 분야에 뛰어들어 닥치는 대로 일해야 하는 처지에서 벗어나기 힘들 것이다.

서비스업은 가격효과에 따른 수요 증가, 즉 생산성을 높이고 가격을 낮춤으로써 수요가 늘어나는 효과를 기대하기 어려운 분야이므로 서비스 부문의 고용은 오랜 시간에 걸쳐 느릿느릿 증가할 것으로 보인다. 윌리엄 보멀은 서비스 부문을 분석하면서 서비스 가격에 나타나는 '비용 질병cost disease'을 지적한 바 있다. 서비스업의 생산성 성장이 정체되어 있으니 서비스 가격은 시간이 갈수록 다른 재화에 비해 비싸진다는 것이다.[41] 따라서 서비스 수요를 늘리려면 소비자의 실질 임금 상승으로 재화나 서비스 수요가 증가하는 소득효과가 필요하며, 결국 서비스 수요의 성장은 경제 전반의 소득 성장에 달린 것이나 다름없다. 달리 말해 이는 제조업이 성장 동력으로서 힘을 잃어 경제성장이 둔화되면 서비스 부문에서 고용이 늘어나는 속도도 떨어진다는 뜻으로, 실제로 선진 자본주의 국가들은 대부분 이러한 현상을 경험했다. 하지만 선진국의 경제성장률이 떨어지는 와중에도 일부 서비스 업종에서 고용이 꾸준히 늘어났는데, 이는 법과 제도의 용인하에 노동자의 불안정한 지위를 이용했기에 가능한 일이었다. 불완전고용을 정당화하는 논리가 수면 위로 떠오르는 것은 바로 이 지점이다.

불황이 계속되는 상황에서 생산성 수준을 높이지 않고 서비스 가격을 낮춰 수요를 늘리는 방법은 노동자의 임금을 깎거나 노동자의 생산성이 미미하게나마 증가하더라도 임금은 그만큼 올리지 않는 것이다.[42] 서비스 부문에서는 생산성을 높이기가 어려운 만큼, 고용자는 경쟁자들을 따라잡거나 앞서기 위해 어떻게든 임금 수준을 억누를 방법을 찾는다. 자영업자들 또한 마찬가지로 더 적은 돈을 받고 일한다면 소득을 희생하는 대신 서비스 수요를 늘릴 수 있다. 서비스업은 이러한 초과 착취super-exploitation를 통해 일자리를 만들어내기 용이한 분야인데, 그 이유는 서비스 노동자의 임금이 소비자가 지불하는 최종 가격에서 비교적 큰 비중을 차지하기 때문이다. 또한 서비스업은 노동생산성 수준이 떨어지는 경향이 있기 때문에 더러는 소규모 가족 기업이 최소한의 이윤만 남기면서 사업을 지속하여 자본이 풍부한 기업들과 경쟁하기도 한다. 특히나 저소득 및 중간소득 국가에서는 사람들이 이와 같은 퇴행적인 일자리 창출 전략을 활용해 어떻게든 일감을 마련하다 보니 많은 서비스 업종의 생산성이 마이너스 성장을 보였다.

기업이 소득이 불안정한 노동자들을 이용해 열악한 일자리를 얼마만큼 자유롭게 만들어낼 수 있는지는 그 나라의 노동보호법

자동화와 노동의 미래

수준에 따라 달라진다. 앞서 살펴보았듯, 대다수 국가는 노동자에 대한 보호를 줄이는 방식으로 노동저수요 문제에 대응해왔다. 이는 사실상 OECD가 대놓고 내세운 목표이기도 한데, OECD는 실업률을 낮추기 위해서 노동의 유연성을 높여야 한다고 줄기차게 주장해왔다. 1980년대 말 OECD의 경제학자들은 경제성장이 둔화되는 한 기업들이 생산성과 임금수준이 높은 일자리를 창출할 수 있을 정도로 자본스톡 투자를 늘리지는 않으리라 전망했다. 그리고 이들은 "고용을 그런대로 빠르게 회복하기 위해서는 평균 이하의 자본이 드는 일자리를 다수 창출하고 이를 유지하는 데 드는 실질 임금 또한 그만큼 낮추는 방안"이 "반드시 필요하다"고 보았다. 이후 OECD는 "새 일자리의 평균 실질 임금을 기존 일자리 이하로" 억제한 미국을 예로 들며 세계 어디서나 이런 왜곡된 일자리 창출 전략이 필요하다고 주장하기 시작했다.[43] OECD 경제학자들은 불황이 이토록 오래 지속되리라고는 꿈에도 생각지 못했을 테지만, 자신들이 내놓은 정책이 사회 혼란을 가져오리라는 점을 예상했어야만 했다.

불완전고용이 늘면 불평등은 심해질 수밖에 없다. 민중 대다수는 자신의 임금이 평균 임금 상승률보다 느리게 증가하는 조건하에서만 일을 할 수 있다. 경제학자 데이비드 아우터와 안나 살로몬스Anna Salomons에 따르면, "노동 대체 현상은 고용과 노동시간,

임금 하락만을 뜻하지 않는다." 오히려 이는 "임금 총액, 즉 노동
시간과 시간당 임금을 곱한 값이 부가가치에 비해 느리게 증가"
하여 노동계급의 삶이 상대적으로 궁핍해지는 상황을 통해 교묘
히 나타날 수 있다.[44] 실제로 평균 실질 임금 상승률과 평균 생산
성 증가율 사이의 격차는 점점 더 벌어지고 있으며, 이에 따라 지
난 50년간 G20 국가들의 노동소득 분배율은 9%p 감소했다. 또한
1980년에서 2000년대 중반 사이 전 세계 노동소득분배율은 5%p
감소한 반면, 소득 증가분 가운데 극소수 자산가들이 차지하는 몫
은 점점 늘어났다.[45]

앞서 논의했듯, 불평등은 통계로 드러나는 것보다도 더 심각한
수준으로 악화되고 있다. 노동소득 가운데 관리자 계층이 차지하
는 몫이 큰 폭으로 상승하면서 노동소득의 분배 자체가 더 불평등
해졌기 때문이다. 1980년대 말에서 2010년대 초, OECD 국가들
의 노동생산성은 평균 소득보다 빠르게 증가했고, 평균 소득은 중
위 소득보다 빠르게 증가했다.[46] 노동자를 더 궁핍하게 만드는 형
태의 고용이 증가하는 현상은 자기 강화적인 악순환을 이룬다. 여
러 경제 부문이 불완전고용 노동자를 착취해 자신의 규모를 키우
면, 이를 유지하기 위해 계속해서 불완전고용 노동자가 필요해지
는 것이다. 봉준호 감독의 영화 〈기생충〉은 고액의 순자산을 보유
한 관리자 계층 가정이 노동자 계급 가정의 구성원을 가정교사,

자동화와 노동의 미래

가사 도우미, 운전사, 아이 돌보미, 비서 등으로 부리면서 자신이 해야 할 일을 점점 더 떠맡기는 모습을 섬세하게 묘사한다. 이러한 광경은 단지 두 계층의 노동에 매겨지는 가격이 하늘과 땅 차이라는 이유로 전혀 이상할 것이 없는 일이 되고 있다.[47]

이와 같은 추세를 고려하면 자동화 이론가들의 예상과 달리 노동시장이 제 기능을 잃고 파국으로 치달을 일은 없을 것으로 보인다. 코로나19 팬데믹 이후 발생한 대규모 실업 사태에서 또 한번 확인했듯, 경기가 하강하는 시기에는 실업률이 언제든 다시 치솟을 수 있다. 하지만 그 후 경제가 미적지근하게나마 회복하기 시작하면 불완전고용이 늘고 불평등이 심해지는 대신, 실업률은 조금씩 낮아질 것이 분명하다. 《로봇의 부상》을 쓴 미래학자 마틴 포드는 노동 대체로 인한 변화 속에서 기존 "경제체제가 끝끝내 새로운 현실에 적응"할 가능성을 무엇보다 우려했다. 그러나 포드가 말한 최악의 시나리오는 이미 눈앞의 현실이 되었다. 역사학자 마이크 데이비스의 표현을 빌리자면, "후기 자본주의는 인류를 우선순위에 따라 분류하는 작업을 진작 끝마쳤다."[48] 단결된 정치적 행동을 통해 현 상황에 종지부를 찍지 않는 한, 앞으로도 달라질 것은 없다. 전 세계 농업·제조업 시장의 생산능력 과잉이 해결되지 않는 이상 노동자들은 계속 서비스업으로 몰려들 것이며, 현재 50% 수준인 서비스 부문 고용 비율은 21세기 중반에 이르러

70~80%까지 늘어날 수도 있다. 반면 경제성장률이 개선될 가능성은 거의 없기에 서비스 부문에서 실직자와 신규 취업자들을 받아들인다 한들 소득불평등만 가중될 것이며, 그 결과 탈공업시대의 경제는 불황의 늪에 더 깊이 빠져들 것이다.

그렇다 해서 가난한 사람이 마냥 더 가난해지기만 한다는 이야기는 아니다. 실제로 전 세계 인구 중 극빈층의 비율은 도시 인구가 늘면서 점차 감소했다. 문제는 전체 소득 증가분 가운데 가난한 노동자들이 가져가는 몫이 그들이 전체 인구에서 차지하는 비중에 비해 턱없이 적다는 데 있다.[49] 경제학자 토마 피케티와 동료 연구자들에 따르면, 1980년에서 2016년 사이 전 세계 하위 50%의 소득은 두 배로 늘었다(말이 두 배지 절대적인 수치로는 미미한 수준이다). 그런데 같은 기간 증가한 총소득을 기준으로 보면 하위 50%는 고작 12%를 가져간 반면, 상위 1%는 그 두 배가 넘는 27%를 가져갔다.[50] 불평등이 이렇게나 심해졌다는 것은 곧 계층 이동의 사다리가 무너졌음을 뜻한다.[51] 미국 미네소타주의 간병인부터 이탈리아의 시간강사, 튀니지의 과일 장수와 인도의 건설 노동자까지 삶이 막다른 길에 몰렸다 느끼는 사람은 점점 더 늘어만 간다. 노동시장에 갓 진입한 청년층은 월급만으로는 가정을 꾸리기 어려우며, 집세가 천정부지로 치솟는 곳에 산다면 그럴 엄두조차 낼 수 없다. 청년들이 부모의 집을 떠나 독립하지 못하는 것도 드문

　　　　　　　　　　　　　　　　자동화와 노동의 미래

일이 아니다. 어떻게든 길을 찾으려 빚을 낸다 한들, 소득이 제자리걸음인 이상 빚을 갚느라 허덕이는 신세를 면하기 힘들다.[52]

노동시장이 사람들을 이토록 비참한 처지로 내모는 데 맞서기 위해서는 노동계급이 자신의 이익을 관철할 만큼 힘을 갖춰야 한다. 그러나 정작 노동조직의 영향력은 날로 약해지고 있다. OECD 국가들의 노동조합 조직률은 1985년 30%에서 2016년 16%로 줄었으며, 같은 기간 노사가 체결한 단체 협약의 적용을 받는 노동자 비율은 45%에서 32%로 감소했다.[53] 전 세계 노동조합 조직률은 그보다 훨씬 형편없는 수준으로 2014년 약 7%에 불과했다.[54] 그렇다 보니 정부가 강력한 복지 제도를 밀어붙이는 것 외에는 불평등을 줄일 마땅한 방법을 떠올리기가 어려워졌다. 하지만 불황 앞에서는 복지 제도도 무용지물이기 일쑤다. 경제가 도통 나아지지 않는 데다 정부가 주기적으로 긴축을 강요하는 상황에서는 새로운 사회운동을 중심으로 힘을 합치기보다 사회가 황폐해진 원인을 이민자, 여성, 인종적·종교적 소수자 같은 취약 계층 탓으로 돌리는 편이 훨씬 쉬워진다.

5장

절묘한 해결책?

자동화 담론은 세계경제를 괴롭히는 일련의 경향을 노동저수요 현상과 관련짓는다. 노동저수요가 장기간 지속되며 발생하는 사회 위기는 통계로 나타나는 것보다 심각하고, 우리가 의미 있는 경제활동에 참여해 주체의식과 목적의식을 경험할 가능성은 갈수록 줄어든다. 물론 자본주의 사회는 그런 경험을 하기에 적합한 환경이 아니지만, 문제는 점점 더 많은 사람이 최소한의 기회조차 박탈당한다는 데 있다. 고용 불안과 불평등이 심해지면서 더욱 원자화된 개인들은 세계화의 문제점을 해결하겠다며 '자국 우선주의'를 내세우는 경제 민족주의에 쉽게 현혹된다.[1] 자동화 이론가들은 민족주의적 대책의 위험성을 경계한다. 만성화된 노동저수요는 수입 관세를 높이거나 국경에 장벽을 세운다고 해결될 문제가 아니기 때문이다.[2] 이런 고리타분한 정책은 오늘날 세계를 덮

친 대위기를 더욱 악화시킬 뿐이다.

그렇다면 어떤 대안이 있을까? 자동화 이론가들은 마치 다른 시대나 다른 행성에서 온 여행자처럼 완전히 새로운 관점으로 문제에 접근해 돌파구를 찾는다. 이 점에서 자동화는 지구온난화와 꽤 비슷한 데가 있다. 두 주제에 대해 진지하게 고민하는 사람은 사회생활의 기본 구조를 뒤엎자는 주장처럼 이전까지 터무니없다 여겼을 생각에도 기꺼이 귀를 기울인다. 자동화 이론가들은 현 체제를 구닥다리로 규정하는 만큼, 노동의 위기에 대해 참신하고 도발적인 대책을 내놓는 데도 전혀 거리낌이 없다. 앞서 살펴보았듯 자동화 이론가들이 위기의 원인을 잘못 짚은 것은 사실이나, 이들이 제시하는 대안은 귀 기울일 가치가 충분하다. 다만 자동화 이론가들의 제안을 제대로 평가하기 위해서는 노동저수요의 진짜 원인이 수십 년간 지속된 제조업의 생산능력 과잉과 그로 인한 과소 투자에 있다는 점을 명심해야 한다. 이 문제를 풀지 못하는 이상, 어떤 대안도 진정한 해결책이 될 수 없다.

케인스주의 재장전

자동화 이론가들의 제안이 어떤 맥락에서 나왔는지를 이해하려면 우선 그들 모두가 묵살하는 한 가지 방안을 살펴볼 필요가 있다. 바로 전 세계 잉여 노동력을 흡수하기 위해 대규모 고정자본 투자를 유도하는 케인스주의적 개입 정책이다. 자동화 이론가들은 이 같은 방식으로는 현재의 노동 위기를 해결할 수 없다고 본다. 완전 자동화가 실현되면 경제가 제아무리 빠르게 성장한들 대규모의 기술적 실업을 막을 수 없기 때문이다. 하지만 과학기술의 변화 이전에 경기가 도무지 살아나지 않는다는 데 노동저수요의 원인이 있는 만큼, 케인스주의식 부양책으로 경제성장률을 충분히 끌어올릴 수 있다면 효과를 기대할 만하다. 그렇다면 왜 당장 이런 정책을 활용하지 않는 걸까?

사실 고소득 국가 대다수는 여태껏 케인스주의적 방식으로 경제에 개입하기를 멈춘 적이 없었다. 연구자들은 1970년대를 기점으로 케인스주의가 종언을 고했다 여기고는 하지만, 오히려 케인스주의의 시대는 그때 비로소 시작했다고 보는 편이 여러모로 타당하다. 제2차 세계대전이 끝난 이후 25년 동안 케인스주의에 따른 경기 대응적counter-cyclical* 정부 지출은 거의 이루어지지 않았다. 각국 정부는 적자를 감수하며 돈을 쓰기보다 급격한 경제성장을 전쟁 기간에 늘어난 채무를 줄일 기회로 삼았다(그림 5.1 참

---

* 경기 순환 과정에서 경기가 하강하는 시기에 재정 지출을 늘려 대응에 나서는 것.

고). 영국은 1946년에서 1974년 사이 교육, 보건, 주택, 교통, 통신을 비롯한 인프라에 투자하는 동시에 GDP 대비 국가채무 비율을 270%에서 52%로 낮췄다.[3] 같은 기간 G20 국가 전체의 GDP 대비 국가채무 비율은 107%에서 23%로 줄었다. 이 같은 통계는 일부 국가에서 전후 완전고용을 달성한 것이 케인스주의식 수요 자극 정책에 따른 결과라는 견해와 상충한다.[4]

앞서 논의했듯, 전후 급격히 성장한 제조업은 높은 노동수요를 꾸준히 유지하는 유일한 원동력이었다 해도 과언이 아니다. 교육과 보건, 기반 시설에 들어간 정부 지출은 민간 투자를 이끌기는커녕 민간의 요구를 따라잡기에도 벅찬 수준이었다. 제2차 세계대전 직후는 생산능력이 전례 없는 정도로 증가한 시기였다. 하지만 바로 그렇기 때문에 세계 제조업 시장은 생산능력 과잉에 시달리게 되었고, 이어 자본축적률과 산출량 증가율이 떨어지기 시작했다. 더불어 각국의 기술 역량 격차가 줄어들면서 제조업은 더 이상 빠르게 성장하지 못했다. 그 결과 탈공업화와 노동저수요의 물결이 차례차례 전 세계로 퍼져나갔다.

경기 대응적 지출은 1970년대에 들어서야 본격화되었다. 자본가들이 경제 전반의 투자를 줄이자 각국 정부는 새로운 투자를 유도하는 일에 막대한 돈을 쏟아부었다. 이에 따라 G20 국가들의 GDP 대비 국가채무 비율은 1974년 23%에서 2019년 103%로 치

자동화와 노동의 미래

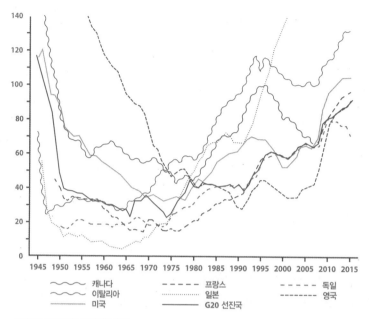

∿∿∿ 캐나다	- - - - 프랑스	- - - - 독일
∿∿∿ 이탈리아	·········· 일본	- - - - 영국
—— 미국	—— G20 선진국	

그림 5.1 GDP 대비 국가채무 비율, 1945~2015
출처: IMF Historical Public Debt Database, 2019.

솟았다. 2019년 미국(107%), 이탈리아(135%), 일본(237%) 등의 국
가채무 비율은 G20 평균보다 높았다. 1980년에서 2007년까지 채
무 수준을 안정적으로 유지한 영국을 제외하면 각국은 신자유주
의 시대에도 적자 지출을 멈추지 않았다. 정책 결정자들은 더는
완전고용을 목표로 내걸지 않았지만, 경제가 날로 활력을 잃는 상
황에서는 채무를 늘려서라도 경기 하강기를 이겨내야 했다. 그러
나 경기가 하강 국면을 지난 이후에도 회복세는 미미한 수준에 그

쳤고, 적자를 메꾸기 위해 조세 수입을 늘리기란 쉽지 않은 일이었다.[5]

정부가 빚을 져가며 지출을 늘릴 뿐 아니라 장기 금리를 제로 수준으로 낮추기까지 했는데도 경제성장률을 높이는 데 실패했다는 사실은 케인스주의의 관점에서 볼 때 어처구니가 없는 일이다. 금리 인하의 본래 목적은 고정자본 투자를 촉진하는 데 있었다. 실제로 초저금리 시대가 열리자 가계뿐만 아니라 금융 기업과 비금융 기업 모두 부채를 늘리는 데 거침이 없었다. 코로나19 위기가 닥치기 전인 2019년, 선진국의 공공 및 민간 부문 총부채는 GDP 대비 383%(전 세계 기준 322%)로 치솟으며 역사상 최고치를 기록했다.[6] 하지만 부채가 급증하는 와중에도 OECD 국가들의 연평균 경제성장률은 1960년대 5.7%에서 1970년대 3.6%, 1980년대 3.0%, 1990년대 2.6%, 2000년에서 2019년 1.9%로 줄곧 내리막이었다.[7] 기업들은 신규 고정자본에 투자하기보다 다른 기업을 인수·합병하거나 자사주를 매입하기 위해 부채로 자금을 조달했다.[8] 제조업이라는 성장 동력을 대신할 마땅한 대안이 없는 가운데, 수요 자극 정책은 더 이상 민간의 신규 투자를 유도하지 못했다. 코로나19 팬데믹 이후 각국이 내놓은 일련의 부양책 또한 만족스러운 결과를 내기는 어려워 보인다. 앞선 부양책들과 마찬가지로 자본축적을 증가세로 유도하지는 못할 것이기 때문이다.

자동화와 노동의 미래

결국 이대로 경제성장률이 되살아나지 않는다면 팬데믹 종식 이후 각국은 또 다시 긴축으로 방향을 돌릴 가능성이 크다.

따라서 이제는 케인스주의식 수요 자극 정책으로 기존 성장 동력을 되살리려 하기보다 사회가 노동자를 생산에 배치하는 방식을 바꾸기 위해 고민해야 한다. 그 방식을 무슨 수로 바꿀지에 관해서는 의견이 달랐을 테지만, 아마 케인스 역시 그것을 바꿀 필요가 있다는 데는 동의했을 것이다.[9] 케인스에 따르면 자본이 "더 이상 부족하지 않을 정도로" 축적되면 이익률이 저조해지고 경제가 성숙기에 들어서는데, '미국의 케인스'라 불리던 경제학자 앨빈 한센은 이를 '장기 침체'라 명명했다.[10] 경제학 박사 로런스 서머스는 최근 장기침체론을 다시 들고 나왔다. 그는 한때 긴축을 통한 '구조 개혁'을 옹호했으나, 이제 그런 식으로는 경제를 되살리기 어렵다 보고 '공공투자'만이 완전고용을 달성할 수 있다고 말한다.[11] 그러나 케인스였다면 공공투자를 늘리는 데 그치지 않고, 경제 성숙기의 시작을 자본주의 시대의 끝이 도래했음을 알리는 징후로 보아야 한다 주장했을 것이다.

케인스는 경제가 성숙하면 정부가 '노동수요를 자극'하기보다 '노동 공급을 줄이는' 방향으로 개입해 산출량 대신 여가를 늘리는 편이 옳다고 보았다.[12] 또한 그는 민간의 투자 수익이 장기적으로 감소할 경우 주당 노동시간을 15시간으로 줄일 것을 제안했는데이는 '아담이 남긴 본성', 즉 쓸모 있는 존재로 여겨지기를 바라는 마음을 충족하기 위한 수단일 뿐이었다.[13] 경제학자들은 미래에 생산성이 늘면 노동자의 선호가 어떻게 바뀔지를 놓고 케인스가 낭만적인 예측을 내놓은 것이라 오해했다. 그리하여 이들은 케인스의 주장을 '미래 노동자는 임금보다 휴가가 느는 쪽을 선호할 테니 향후 100년간 노동시간이 줄어들 것'이라는 예상쯤으로 받아들였다.[14] 반면 영국의 경제학자 조앤 로빈슨이나 윌리엄 베버리지 같은 급진적 케인스주의자들은 케인스가 탈희소성 사회를 꿈꾸었음을 알았고, 이를 실현하기 위해서는 공공 부문이 일정 수준의 투자를 보장하고 노동시간 단축을 법제화해야 한다 보았다.[15]

베버리지는 《자유로운 사회의 완전고용Full Employment in a Free Society》에서 이러한 생각을 구체화한 계획을 제시했다(당시 베버리지는 영국의 의료보장 제도인 국민보건서비스National Health Service를 설계하여 대중의 찬사를 받은 참이었다). 먼저 그는 제2차 세계대전이 끝난 후로부터 22년간의 자본주의 발전을 위한 예산안을 세웠다. 전쟁에서 평화로 이행하는 데 걸리는 2년과 '재건'에 필요한 20년을 더한 22년 동안은 공공 부문이 "가난, 질병, 무지, 불결이라는 사회악"을 없애는 데 투자를 집중할 필요가 있다는 것이 그의 생각이었다. 하지만 베버리지는 사회 기반이 다져진 1960년대 말 무렵부터 국가가 경제성장이라는 과제를 서서히 내려놓는 대신, 주

자동화와 노동의 미래

당 근무시간을 줄여 '여가'를 장려하고 소득을 '공정 분배'하여 불평등을 해소해야 한다 주장했다.[16] 화석연료에서 신재생 에너지로 전환하는 방안이 없다는 점만 제외하면 이는 오늘날 매우 급진적인 축에 속하는 그린 뉴딜Green New Deal 정책과도 견줄 만한 제안이다.[17] 물론 각국 정부는 베버리지가 제안한 완전고용 계획을 진지하게 고려하지 않았다. 과거 급진적 케인스주의자들의 기획이 실패한 이유를 따져보면 왜 오늘날에도 그와 비슷한 계획이 성공하기 어려운지를 짐작할 수 있다.

제2차 세계대전의 여파가 이어지던 시기에는 좌파 조직이 지금보다 훨씬 강성했는데도 공공투자를 통해 완전고용을 달성하려는 계획이 거센 반발에 부딪쳐 무산되고 말았다(물론 대다수 좌파 조직은 공공투자를 넘어 생산의 사회화라는 목표를 위해 싸웠다).[18] 대자본가들은 사회의 자원을 어느 부문에 얼마 만큼 투자해 생산을 늘릴지 결정함으로써 경제의 성패까지 좌지우지하는 특권을 누려왔으며, 공공투자가 자신들의 권력을 뿌리째 뒤흔들 수 있음을 간파했다.[19] 그들은 완전고용 자체가 아니라 공공투자를 통해 완전고용이 실현되는 것을 우려했다. 자본가들에게는 투자를 회수할 수 있다고 위협해 사회를 혼란에 빠뜨릴 힘이 있지만 공공투자의 중요성이 커질수록 그 위력은 반감되기 때문이다. 자본가들은 전후 시기를 거쳐 오늘날까지도 자본 파업이라는 계급투쟁용 무기를 손에서 놓지 않으려 한다.[20] 이들은 언제든 투자를 회수할 수 있다는 위협을 통해 대기업이 내리는 투자 결정이 고용 유지와 회복의 필수 조건임을 인정받도록 만들었다. 투자가 침체되고 불완전고용이 만연한 지금, 자본 파업이라는 무기에 대한 기업의 지배력은 어느 때보다 강해졌다. 민간 투자가 감소하면 정부는 공공투자로 눈을 돌릴지도 모른다. 그러나 자본가들이 경제 전반에 대한 자신들의 통제력을 감소시키는 계획에 털끝 만치라도 동조하리라 생각한다면 큰 오산이다.

자본가들이 투자 결정을 좌지우지하는 현실을 타파하는 데 필요한 것은 타협이 아니다. 설령 뉴딜식의 정부개입으로 노사 합의를 이끌어내더라도 상황은 전혀 달라지지 않는다. 1938년 폴란드의 경제학자 오스카르 랑게는 다음과 같이 지적한 바 있다. "사유재산과 사기업을 그대로 유지하면서도 기업들이 이윤 극대화와 무관한 일을 하도록 만들려면 어마어마한 규모의 투자를 조직"해야 하는데, 이는 "현대 자본주의 산업의 재정 구조"를 뒤엎는 일로, 기업들이 "자신의 경제력을 이용해(가령 공장을 폐쇄하거나 투자를 회수하는 등 여러 사보타주 방식을 활용해) 정부 당국에 저항하도록" 부추긴다.[21] 이 경우 급진적 케인스주의자라면 자본가들의 거센 저항에 대비해 기업들을 완전 국유화하겠노라 위협하는 방안을 고려할 것이다. 그런 위협이 실제 효과를 거두려면 사기업을 폐지하기 위한 구체적 계획을 사전에 수립해 사회 구성원들에게 널리 알려야 한다. 하지만 급진적 케인스주의자들이 목표를 이루기 위해서는 무엇보다 대규모 사회운동의 지원이 필요하다. 오직 자본가의 부가 존립하는 기반을 뒤흔드는 사회운동만이 자본의 힘을 무력화할 수 있다. 자본가들이 공공투자 중심 경제를 순순히 받아들일 만큼 강력한 사회운동이 일어난다면 그 이상의 목표를 이루는 것도 얼마든지 가능하다. 사회운동을 이끄는 주체들은 국가가 권력을 틀어쥐도록 내버려두지 않을 것이다(대신 그들은 민중이 직접 참여하는 민주적 기관에 권력을 이양하도록 요구할 것이다). 뒤에서 다시 살펴보겠지만 보편적 기본소득을 제안하는 자동화 이론가들은 경기 하강기에 어느 때보다 큰 힘을 발휘하는 자본의 무기를 간과함으로써 케인스주의자들의 실패를 되풀이한다. 투자 회수라는 무기가 있는 한, 자본가들은 노동자에게 힘을 싣는 정책이 꽃피우기 전에 언제든 싹을 밟아버릴 수 있다.[22]

공돈

자동화 이론가들은 급진적 케인스주의자와 마찬가지로 경제성장에서 분배로 방향을 돌릴 것을 주장한다. 다만 이들이 제시하는 방안은 케인스주의자들과는 사뭇 다르다. 공공투자를 늘리고 노동시간 축소를 법제화하기보다 모든 시민에게 아무런 조건도, 예외도 없이 일정한 소득을 나눠주자는 것이다.[23] 이들은 충분히 많은 금액을 보편적 기본소득, 이하 기본소득으로 지급하면 빈곤 문제를 단숨에 해결할 수 있으며, 고용이 불안정한 노동자들에게 일정 소득을 보장함으로써 불완전고용이 만연한 현실을 개혁할 수 있다고 본다. 일부 기본소득 옹호론자는 기본소득을 도입하면 사회가 도덕적 차원에서 일신될 것이라고까지 말한다. 개인의 번영을 위해 사회 전체가 힘을 모으는 과정을 눈으로 확인하면 공동체의 연대 의식이 되살아나리라는 것이 그 이유다. 미국의 민주당이나 스페인, 스코틀랜드 정부는 코로나19라는 비상사태에 대응하기 위해 최소한의 기본소득을 지급하는 방안을 검토해왔고, 팬데믹 종식 이후에도 기본소득을 계속 유지할 가능성이 있다.[24]

미국의 복지 제도는 인종주의의 영향이 짙게 깔려 있는 탓에 빈곤층을 대놓고 멸시하지는 않더라도 의심의 눈초리로 대하는 경향이 있다. 따라서 미국 같은 경우 자산 조사에 기반한 차별적 복지에서 보편적 복지로 이행하는 것 자체를 보다 정의롭고 바람직한 변화로 볼 수 있다. 또한 사하라사막 이남 아프리카처럼 소득이 낮은 지역에서 기본소득을 도입하면 자산 조사를 위해 복잡한 인프라를 구축하지 않고도 빈곤층에게 복지 혜택을 줄 수 있다.[25]

자동화와 노동의 미래

하지만 기본소득 도입을 지지한다 해서 모두가 같은 생각인 것은 아니다. 옹호론자들 사이에서도 기본소득을 얼마 만큼 지급할지, 고소득자에게는 기본소득을 환급받아야 할지, 기본소득이 다른 복지 정책을 보완할지 대체할지, 지급 대상을 시민권자로 제한할지 그보다 더 넓힐지 등을 놓고 논쟁이 벌어진다.[26]

자동화 이론가들에게 보편적 기본소득은 미래의 핵심 난제를 해결할 열쇠다. 그 난제란 인간의 노동력이 거의 쓸모없어진 세상에서 어떻게 사람들에게 소득을 지급하고 그들의 선호를 시장 가격에 반영할 것인가 하는 문제다. 자동화 이론가들은 기본소득이라는 기술적 수단을 활용하면 자동화가 몰고 올 악몽을 탈희소성 사회에 대한 희망으로 바꿀 수 있다고 믿는다. 이들은 기본소득을 좌파와 우파 모두가 환영할 가치 중립적 정책 수단으로 묘사하며, 녹색혁명을 촉발한 과학기술이 세계를 굶주림에서 구할 방안으로 기대를 모았듯 이 제도가 전 세계의 실업과 불완전고용을 해결하리라 기대한다. 자동화 이론가들이 이러한 기술 관료주의적 수단에 의존하는 것은 자동화 담론이 기술결정론에 뿌리를 둔다는 사실과 밀접한 관련이 있다. 기술관료주의와 기술결정론은 모두 복잡한 사회적·정치적 쟁점을 객관적 사실 취급하며 등한시한다는 공통점이 있다.

자동화 담론이 가정하는 기본소득의 가치 중립성은 결국 허구에 지나지 않는다. 이 제도는 어떤 방식으로 시행되는지에 따라 전혀 다른 결과를 가져올 수 있으며, 십중팔구는 인류의 번영과 거리가 멀 공산이 크다.[27] 자동화 이론가들은 기본소득을 도입하면 시장에 기반한 탈희소성 경제가 실현되리라 말하지만, 이들의 주장을 비판적으로 검토해보면 시장에 의존하지 않고도 탈희소성 사회에 이를 길을 찾을 수 있다.

보편적 기본소득은 자동화 담론보다도 역사가 깊다. 일각에서는 미국의 사상가 토머스 페인의 제안을 기본소득의 기원으로 본다. 1797년 페인은 성년이 된 모든 사람에게 일정 금액의 현금을 지급해야 한다고 주장했다.[28] 이는 본래 모든 땅은 공공의 것이었으나 시간이 갈수록 구획이 나뉘며 사유화되었다고 보는 존 로크의 정치사상에 입각한 제안이었다. 로크의 말대로라면 젊은 세대는 인류가 물려받은 유산 가운데 제 몫을 갖지 못하는 셈이므로, 페인은 각자 나누어 가졌어야 할 토지에 상응하는 현금을 지급하면 누구도 소외되지 않는 사유제 사회를 건설할 수 있다고 본 것이다. 이렇듯 페인은 한발 앞서 기본소득 개념을 제시한 선구자였으나, 그 목적은 사유제 사회의 도덕적 기반을 마련하는 것으로 탈희소성 사회와는 아무런 관련이 없었다.

20세기 신자유주의 경제학자들은 페인과 비슷한 이유로 보편적 기본소득을 지지했다. 프리드리히 하이에크와 밀턴 프리드먼

자동화와 노동의 미래

은 기존 복지 제도를 대체하는 역소득세 형태의 기본소득을 제안했다. 빈곤을 줄이기 위해 공공사업에 예산을 투입하기보다 사람들에게 충분한 돈을 지급해 빈곤선을 끌어올리는 편이 낫다는 이유였다.[29] 프리드먼에게 이 제도는 신자유주의라는 거대한 세계관의 구성 요소 중 하나다.[30] 그는 시장 실패를 해결하기 위해서는 민간의 활동을 공교육, 공공 의료, 공공 주택, 환경오염 규제 같은 공공사업으로 보완할 것이 아니라, 국가가 우리 삶의 더 많은 영역에 가격 메커니즘을 적용해야 한다 주장했다. 그는 시장이야말로 자유와 책임, 자신감의 원천이라고 보았다. 이러한 시각에 따르면 빈곤층에게는 공공 부조가 아니라 시장에 다시 참여하기 위한 돈이 필요하다.

프리드먼에 이어 오늘날 우파 진영에서 가장 과장된 논조로 기본소득을 주장하는 인물은 인종차별 발언으로 악명 높은 사회 비평가 찰스 머레이다. 그는 이 제도가 빈곤을 종식할 뿐 아니라 기독교 신앙과 일부일처혼을 되살려 서구인의 지친 영혼을 달램으로써 서구 세계의 몰락을 막을 것이라 말한다. 머레이는 기본소득을 월 1000달러 수준으로 정해야 한다는 생각을 널리 퍼뜨린 일등 공신이기도 하다. 1000달러라는 금액은 각자가 기본 욕구를 충족하는 데 드는 비용과는 전혀 관계가 없으며, 단지 현재 복지 제도에 들어가는 비용을 계산해서 나온 값이다. 그의 제안은 단순

히 기존 사회 복지 제도를 청산해 그 돈을 개인에게 직접 나눠주
자는 것이다.[31]

　기본소득 옹호론자들의 최신 저서들이 으레 그렇듯, 머레이가
쓴《우리 손 안에In Our Hands》의 최신판은 자동화에 대한 대응책
으로서 이 제도가 더욱 절실해졌다는 이야기를 담고 있다. 그러나
사실 머레이가 이 제도를 지지하는 이유는 자동화 담론과 그다지
관계가 없다.[32] 그의 주장은 복지 제도가 경제적으로 효율이 떨어
질 뿐 아니라 사람들의 영혼까지도 파괴한다는 믿음에서 비롯한
다. 복지 제도는 개인이 삶에서 의미를 찾는 데 필요한 원천을 국
가에게 양도하도록 만들며, 그 결과 사람들은 서로 이해하거나 보
살피지 않고 진정한 행복을 누리지도 못한다는 것이다. 대신 머레
이는 지역 사회가 신앙과 공동체 규범이라는 도덕 원리에 입각한
"자발적 결사체"를 이루어 빈곤이나 약물중독 같은 사회 문제를
직접 해결해야 한다고 말한다. 그가 보기에 기본소득은 개인의 의
무를 국가가 대신 짊어지는 복지 제도를 대체하고 각자 여유 시간
을 가질 수 있게 사회 임금을 제공하므로 지역 사회의 연대를 지
원하는 데 안성맞춤이다.[33]

　우파 진영에서 제안하는 기본소득의 가장 큰 특징은 경제적 불
평등에 맞설 의도가 전혀 없다는 것이다. 오히려 머레이는 개헌을
통해 기본소득 외에 다른 방식으로 소득을 재분배할 가능성을 차

단해야 한다고 주장하는데, 그럴 경우 기본소득이 도입되더라도 불평등은 더 심해질 수밖에 없다. 머레이의 보편적 기본소득은 저소득층이 날로 불평등해지고 노동저수요가 지속되는 사회를 순순히 받아들이게 하는 동시에 부유층이 시장에서 무한정 부를 쌓도록 풀어주려는 불길한 비전을 담고 있다.[34] 한 가지 확실한 위험은 이 제도가 시행된다면 좌파보다는 우파 진영의 제안과 비슷한 형태일 가능성이 크다는 것이다. 실제로 머레이의 주장은 실리콘밸리에서 다른 대안들보다 더 많은 주목을 받았으며, 앞에서 언급한 대다수 자동화 이론가들에게도 영향을 끼쳤다.

그렇다면 좌파 진영에서 제안하는 보편적 기본소득은 어떨까? 우선 좌파 진영은 누구나 어느 정도 품위 있는 삶을 누리도록 지원하는 것을 목표로 하며, 이에 따라 기본소득에 훨씬 더 많은 비용을 투입하고자 한다. 벨기에 출신의 정치 철학자이자 가장 널리 존경받는 기본소득 주창자인 필리프 판 파레이스는 중도 좌파 평등주의자의 입장에서 현재 복지 제도를 그대로 유지한 채 누구나 기본 욕구를 충족시킬 만큼의 소득을 지급하기를 희망한다. 그는 또 다른 벨기에 출신 정치학자 야니크 판데르보호트와 함께 쓴 《21세기 기본소득》에서 1인당 GDP의 25%에 해당하는 금액(미국을 기준으로 가구당 연 4만 달러가량)을 목표로 제시한다. 다만 두 저자는 이 제도를 순조롭게 정착시키려면 "적당한 금액"을 선별 지급하는 데서 출발하는 편이 낫다고 본다. 이들의 표현을 빌리자면 기본소득은 정치적 부담을 정면 돌파하며 단숨에 도입할 것이 아니라, "뒷문으로 슬며시 들어가듯" 점진적으로 자리 잡도록 해야 한다. 두 저자는 이를 위해 초기에는 지역 사회에서 봉사 활동을 할 경우 기본소득을 지급하는 식으로 일정한 "참여 조건"을 달고, 기본소득이 시행되는 국가들로 "선택적 이민"이 유입되는 것을 막기 위해 수취 자격에 제한을 둘 필요가 있다고 본다.[35]

좌파 기본소득 옹호론자들은 매달 적은 금액으로라도 기본소득을 지급하면 공동체가 점점 되살아날 것이므로 시작은 미약하지만 미래에는 큰 자유를 얻을 수 있으리라 말한다.[36] 보편적 기본소득을 확대할수록 지역 사회에서 자발적 결사체가 번창하리라는 생각은 좌우 진영의 공통 견해인 셈이다. 차이점은 우파가 교회와 로터리클럽*의 번영을 기대하는 반면 좌파는 노동자, 소비자 생활협동조합, 노동조합의 힘이 강해지고 지역 주민들이 모여 돌봄 조직을 만들고 텃밭을 가꾸는 미래를 그린다는 데 있다. 또한 좌파 진영은 초기 단계의 제도를 조직에 속하지 않은 대중을 조직화하는 방향으로 활용하면 기본소득이나 임금은 물론 사회 전반의 경제적 평등 수준을 높이도록 강력히 요구할 근거를 마련

---

* 사회봉사를 목적으로 하는 전문 직업인들의 국제 사교 단체.

자동화와 노동의 미래

할 수 있으리라 본다.[37]

좌파 자동화 이론가들은 이러한 제안을 이어받아 더 급진적인 방향으로 몰고 간다. 닉 서르닉과 알렉스 윌리엄스 같은 반자본주의 자동화 이론가들은 높은 수준의 기본소득 제도 도입을 '완전 실업'으로의 전환을 이루는 데 꼭 필요한 방안으로 여긴다.[38] 두 사람은 판 파레이스가 더 젊고 급진적이었던 시절에 공동 저술한 논문 〈공산주의로 가는 자본주의적 길?A Capitalist Road to Communism?〉을 참고해 자동화가 진전될수록 누구나 모든 재화와 서비스를 구입할 수 있을 만큼 지급액을 높여야 한다고 주장한다. 이것이 가능하다면 평등 수준을 급격히 끌어올리는 것은 물론, 더 이상 임금노동이 필요치 않은 사회를 실현할 수 있다.《미래를 발명하다》에서 두 저자는 이 제도가 얼마나 큰 잠재력을 품고 있는지를 상세히 설명한다. 과거 러시아의 화가 엘 리시츠키가 그린 〈붉은 쐐기로 흰색을 쳐라〉가 러시아 혁명을 촉구하는 상징이 되었듯, 이들은 기본소득이 완전 자동화 사회로의 이행을 앞당기는 디딤돌이 되리라 생각한다. 기본소득으로 높은 수준의 최저 수입을 보장하면 노동자는 노동을 거부할 힘을 얻으며, 고용자는 직장을 즐거운 곳으로 만들거나 자동화를 통해 아예 없애는 수밖에 없기 때문이다.[39] 이처럼 좌파 자동화 이론가들은 기본소득을 후기 자본주의 경제를 안정시킬 수단이 아니라 탈희소성 사회를 앞당

길 원동력으로 여긴다. '경제 문제'가 해결된 탈희소성 사회에서는 누구나 열정을 좇으며 자유로운 삶을 살 수 있다. 그런 세상이 온다면 인류에게 남은 중요한 문제는 존재의 지평을 어디까지 확장하느냐가 될 것이다. 노동에서 해방된 인류는 케인스가 상상했듯 취미 생활에 몰두할까? 아니면 이언 M. 뱅크스의 SF 소설 속 인물들처럼 우주선을 만들어 별들을 탐험할까?[40]

한계

자유주의적 평등주의에 바탕을 둔 보편적 기본소득은 여러모로 매력적이다. 아무리 작은 규모라도 순수하게 부를 재분배하는 것은 빈곤이 주는 스트레스와 그에 따른 정신적·신체적 질환을 줄이는 데 도움이 되므로 그 자체로 바람직하다. 또한 국제 탄소세와 기본소득을 함께 시행한다면 청정에너지로 전환하는 지난한 과정에서 일자리 창출과 실업 문제를 신경 쓸 필요 없이 탄소중립 경제 실현에 집중할 수 있으므로 기본소득은 기후위기 해결에도 큰 역할을 할 것이다.[41] 단 이 제도가 기술관료주의적 수단을 넘어 사회 해방을 위한 기획으로 발전하려면 개인들이 전면적이고 지속 가능한 사회 변화를 위해 싸울 수 있도록 힘을 실어주어야 한다. 하지만 기본소득이 정말로 그런 효과를 낼 수 있을지 따져보면 미심쩍은 구석이 한둘이 아니다.

먼저 이 제도가 공동체의 번영을 이끌 것이란 주장부터 살펴보자. 논리의 일관성만 놓고 보면 좌파보다 우파의 분석이 더 앞뒤가 맞다. 우파 기본소득 옹호론자들에 따르면 사회를 결속하는 유대가 끊어진 것은 인간의 능력을 국가기관에 양도했기 때문이므로 기본소득이 복지 제도를 대체하면 사회적인 유대를 되살릴 수 있다. 반면 좌파는 자본이 인간을 무력하게 만든다는 사실 또한 그에 못지않게 심각한 문제라고 늘 강조해왔다. 결국 오늘날 대중의 욕구 대부분을 충족시키는 것은 정부의 관료 조직이 아닌 민간 기업이며, 대기업들은 개별 가정이 소비하는 수많은 상품을 생산한다.[42] 교통과 통신수단, 식생활과 오락 거리에 이르는 모든 것이 시장 논리에 따라 변화되어왔다. 사람들은 출퇴근 시간 꽉 막힌 도로에서 차에 앉아 햄버거를 먹거나 핸드폰으로 고양이 영상을 검색하며 매일 몇 시간씩 보낸다. 이때 도로에는 수많은 사람이 나와 있지만 본질적으로 모두가 혼자다. 소셜 미디어는 외로움과 사회적 고립의 확산을 막을 대안으로 보였지만, 여러 연구가 소셜 미디어는 오히려 문제를 악화시킬 뿐이라는 사실을 밝혀냈다.[43] 여기에 더해 코로나19가 확산되자 인구 밀도가 높은 도시 지역에서는 자본주의 논리가 극한으로 치달았다. (중산층) 사람들은 집에 틀어박힌 채 생활에 필요한 모든 것을 온라인으로 주문했으며, 기업들은 공급망을 재조직하고 수많은 노동자를 동원하여 비대면 배송을 시작했다(이 노동자들은 갑작스레 전혀 다른 일을 하게 된 데다 보수도 제대로 받지 못하는 처지다).[44] 이러한 사례들이 보여주듯, 기본소득은 모든 사람이 외톨이가 되도록 고안된 경제체제에도 쉽사리 녹아들 수 있다.

그렇다면 기본소득이 노동자에게 고용자와 맞설 힘을 부여한다는 주장은 어떨까? 한마디로 주객이 전도된 이야기다. 사회적 관계를 뒤엎을 만큼 많은 금액을 지급하려면 무엇보다 먼저 노동자의 힘이 강해져야 하기 때문이다. 더 우려스러운 문제는 설령 대중이 기본소득을 바탕으로 더 큰 권한을 갖는다 해도 그로부터 보다 보편적인 해방으로 나아가기 위한 실천 방안이 나올지는 미지수라는 것이다. 기본소득이 자본주의 타파라는 좌파적 이상 실현의 토대가 되려면 자동화 이론가들이 제시하는 분석이 옳아야 한다. 자동화 이론가들은 오늘날 노동수요가 줄어든 원인을 경제 상황이 빠르게 변하며 생산성이 급격히 증가한 데서 찾는다. 그 말이 사실이라면 사회가 해결해야 할 핵심 과제는 생산이 아닌 분배 체계를 재조직하는 것이며, 이를 위해 점점 더 많은 소득을 기본소득으로 분배하여 불평등을 바로잡아야 한다. 그러나 앞서 논의했듯 노동저수요가 제조업의 생산능력 과잉과 과소 투자로 경제성장이 둔화된 데 따른 결과라면 이야기가 다르다. 이와 같은 분배 정책을 둘러싼 갈등은 노동과 자본 간의 제로섬게임으로 금세 변질되어 더 자유로운 미래로 나아가는 길을 방해하거나 완전히 가로막을 것이다. 따라서 이 경우 경제에 대한 통제권을 자본가들로부터 가져오기 위한 계획이 필요하다. 그런데 기본소득을 주창하는 이들은 생산을 장악한 자본의 힘을 무슨 수로 줄일 것인가 하는 문제에 거의 관심을 보이지 않는다.[45]

보편적 기본소득은 노동자가 더 오랜 시간 일해야만 소득을 높일 수 있는 상황을 개선한다는 점에서 바람직하지만, 자산과 소득의 상관관계를 타파하지는 못한다. 따라서 이 제도를 도입하더라도 대출 이자, 토지 및 주택 임대료, 사업 수익이 전체 소득 가운데 큰 몫을 차지하는 현 체제를 바꿀 수는 없다. 달리 말해, 기본소득은 자본의 권력은 그대로 둔 채 노동자에게 권한을 부여하지만, 그나마도 노동자가 의식주를 비롯한 '동물적 기능'을 보다 자유로이 수행하도록 거들 뿐 그 바탕에 깔린 사회적 조건을 바꿀 만큼의 힘을 부여하지는 않는다.[46] 결국 자본가들이 투자 결정권을 손에 쥔 채 경제의 성쇠를 좌우하는 이상, 이윤동기가 경제를 이끄는 원동력이라는 사실에는 변함이 없다. 좌파 기본소득 옹호론자들은 이 지점에서 급진적 케인스주의자들과 똑같은 난관에 부딪친다. 자본가들은 '자본 파업'이라는 무기, 즉 투자 회수와 자본도

피를 통해 언제든 사회를 혼란에 빠뜨릴 수 있는 특권을 계속 휘두를 것이다. 지난 40년간 생산능력 과잉이 심화되고 경제성장이 둔화되는 와중에도 자본가들은 이 무기를 가지고 정당과 노동조합이 자신들의 요구를 받아들이도록 위협했다. 그 결과 기업 규제와 노동법은 느슨해지고 임금은 정체되었으며, 경제 위기가 닥치면 사기업은 구제금융을 지원받는 반면, 대중은 긴축에 시달려야 했다.

그러므로 기본소득을 활용해 세상을 바꾸고자 하는 좌파라면 자산 소유권 전반을 사회로 정연히 이전하여 생산 수단의 점진적 사회화를 이루는 제2의 마이드너 플랜Meidner Plan* 을 제시할 필요가 있다.[47] 문제는 스웨덴이 1970년대 경제 위기 상황에서 마이드너 플랜의 원안을 폐기한 이유가 다름 아닌 자본가들의 투자 회수 위협이었다는 데 있다. 노동조직이 거의 힘을 잃고 경제성장마저 둔화된 지금은 마이드너 플랜과 같은 계획을 실현하기가 훨씬 더 어렵다. 설령 기본소득을 도입한다 한들 더 많은 금액을 지급하는 데 반대하는 자본가들이 자본 파업을 일으키면 경제는 즉각 위기에 빠질 수밖에 없다. 그럴 경우 기본소득 옹호론자들은 미처

---

* 스웨덴 노동조합총연맹 소속 경제학자 루돌프 마이드너가 제안한 정책으로 원안은 대기업이 매년 이윤의 20%에 해당하는 신주를 발행해 노조가 관리하는 기금에 양도하도록 하는 것이 목표다.

자동화와 노동의 미래

준비가 안 된 상태에서 탈희소성 사회로 가는 기획을 과감히 밀어붙일지 아니면 패배를 인정할지 선택해야 하는 상황에 처할 것이다. 하지만 이런 사생결단의 순간이 닥칠 때면 개혁 세력은 어찌할 바를 모르고 눈만 껌뻑이기 일쑤다.[48] 기본소득이 인류를 탈희소성 사회로 데려갈 지름길이 되리라 기대하기보다는 나날이 침체되고 불평등해지는 사유제 사회를 보완할 약간의 보조금에 그치리라 전망하는 편이 훨씬 쉬운 이유다.

세계 어느 국가에서나 총노동수요가 줄어드는 데다 환경 위기까지 눈앞에 닥친 지금, 잉여 노동력 문제를 해결하기란 경제적 관점에서 불가능한 일이다. 더불어 문제의 주원인인 저성장 추세가 계속되자 자본가들은 투자 결정권을 위협하는 일체의 개혁 시도에 맹렬히 저항하고 있다. 이것이 바로 우리가 이어받은 세상의 참모습이자 정치적 고민을 시작해야 할 출발점이다. 생산을 장악함으로써 자본가들로부터 투자 결정권을 되찾고 자본 파업이라는 무기를 무력화하지 않는 한, 탈희소성 사회로 향하는 길은 영영 열리지 않을 것이다.

6장

필요와 자유

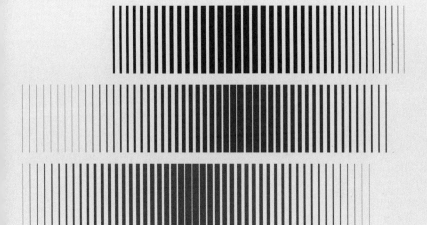

과학기술의 진보에 관한 자동화 이론가들의 설명은 의문스러운 데가 있지만, 탈희소성 사회로 가는 길을 상상하고 구체화하려는 시도는 자동화 담론에서 가장 매력적인 부분이다. 이들의 노력이 마음을 사로잡는 것은 '어떻게 하면 생명력을 잃고 파탄에 이른 세계를 새로운 형태의 사회적 존재로 재조직할 수 있는가'하는 질문을 던지게 하기 때문이다. 오늘날 우리가 해방을 위한 기획을 되살리고자 한다면 반드시 자동화 이론가들처럼 새로운 비전을 품어야 한다. 특히나 지금처럼 해방적 기획이 까마득히 먼 미래에나 실현될 일로 보일 때에는 더더욱 그럴 필요가 있다. 19세기 사회주의자들은 목표 실현이 불가능에 가깝다는 사실을 알면서도 더 자유로운 미래에 대한 믿음을 버리지 않았고, 그런 신념을 좇아 위험을 무릅쓰며 고군분투했다. 독일의 시인이자 극작가 베르

톨트 브레히트는 나치를 피해 망명을 떠나던 1939년에도 "목표는 아주 멀리 있었으나/ 분명하게 볼 수 있었다"는 시구를 남겼다.[1] 오늘날 이런 말을 할 수 있는 사람이 과연 몇이나 될까?

우리는 신자유주의가 공고히 뿌리를 내렸으며, 분노에 찬 종족 민족주의와 기후변화에 따른 재앙이 더 자주, 더 크게 번지도록 부채질하는 시대를 살고 있지만, 문제는 그뿐만이 아니다. 지금 우리에게는 그럴듯한 대안에 관한 구체적인 아이디어조차 없다. 계획 경제는 조잡한 물건만 잔뜩 생산하는 데다 관료제 독재로 변질되기 쉬우며, 경제적으로 불합리할 뿐 아니라 생태계에 악영향을 끼치는 것으로 드러났다. 유럽의 복지 제도와 케인스주의의 완전고용 정책은 경제성장이 둔화되고 탈공업화가 지속되는 상황에 속수무책이었다.[2] 그 사이 사회운동가들은 신자유주의의 공격에 맞서 최후 방어선을 구축하는 데 주력해왔지만, 기껏해야 파국을 늦추는 것 이상을 기대하기는 어렵다.

그러니 이제는 진정 '미래를 요구할' 때다.[3] 그렇다면 과연 어떤 미래를 요구할 것인가? 놀랍게도 많은 자동화 이론가가 1980년대 말에 나온 〈스타 트렉〉의 두 번째 TV 시리즈 〈스타 트렉: 더 넥스트 제너레이션〉에서 더 자유로운 미래에 관한 실마리를 얻는다. 〈스타 트렉: 더 넥스트 제너레이션〉에는 원리상 3D 프린터와

자동화와 노동의 미래

유사하지만 그보다 훨씬 발전된 기술인 '레플리케이터replicator'**
가 등장한다. 이 장치 덕분에 작품 속 인류는 경제적 희소성을 극
복하여 화폐와 시장이 없는 세상을 이룩했고[4], 시민이자 과학자
인 등장인물들은 먹고살 걱정 없이 우주를 누비며 '미지의 세계를
용감히 탐험한다.' 〈스타 트렉〉의 세계가 던지는 질문은 이것이다.
설령 완전 자동화가 공상에 불과하다 할지라도 우리는 레플리케
이터 같은 기술이 없는 탈희소성 사회를 구상할 수 있을까?

　자동화 이론가들은 생산 장악보다 과학기술 발전에 치중한 나
머지, 1516년에 나온 토머스 모어의 《유토피아》부터 오늘날 트렉
코노믹스Trekonomics**에 이르는 탈희소성 전통에서 오랫동안 탈
희소성 사회의 전제 조건으로 여긴 문제를 외면한다. 그 조건이란
최근 자동화 이론가들 대다수가 주장하듯 대가 없이 돈을 나눠주
는 것이 아니라, 사회의 조직적 협동을 위해 사적 소유와 화폐 거
래를 폐지하는 것이다.[5] 자동화 이론가들이 이 같은 핵심 목표를
외면하는 것은 잘못된 가정에 근거한 채 탈희소성 사회로 가는 길
을 탐구하기 때문이다. 이들은 완전 자동화가 실현될 것이라 전

---

* 원자를 재배열하여 원하는 물체를 만들어내는 장치.

** 프랑스의 경제학자 마누 사디아Manu Saadia는 동명의 저서에서 〈스타 트렉〉 속 탈희소성
　경제와 그 실현 가능성을 분석한다.

제하고 대규모 실업을 막고 모든 사람의 존엄성을 보장하는 세상을 건설하려면 어떤 식으로 사회를 바꿔야 할지를 질문한다. 그러나 자동화 이론가들의 사고 실험은 정반대로 뒤집어볼 수도 있다. 완전 자동화 경제를 전제한 채 어떻게 하면 그로부터 더 자유롭고 살기 좋은 세상을 이끌어낼지 상상하는 대신, 우리 모두가 존엄성을 보장받는 세상을 '먼저' 가정하고 이를 실현하기 위해 기술이 어떻게 변화해야 할지를 고민하는 것이다.

탈희소성 전통

어느 날 갑자기 누구나 자신의 잠재력을 모두 발휘할 수 있을 만큼 의료와 교육, 복지를 마음껏 누리는 세상이 온다면 어떨까? 사회가 구성원 각자의 흥미와 재능 개발을 전적으로 지원한다면 세상은 잠재력을 완전히 발현하는 개인들로 가득 찰 것이다. 이 같은 미래상을 현실화하려면 오늘날의 세계를 어떤 식으로 바꾸어야 할까? 잠재력이 완전히 발현되는 세상이란 모든 사람의 열정을 추구할 가치가 있는 것으로 보며 차별을 두지 않는 곳이다. 그곳에서는 누군가가 자유로이 하고 싶은 일을 할 때 누군가는 평생 쓰레기를 치우거나 접시를 닦고 아이를 돌보거나 전자기기를

자동화와 노동의 미래

조립하는 일만 하는 상황은 더 이상 일어나지 않을 것이다. 이러한 세상을 만들기 위해서는 19세기 미국 사우스캐롤라이나주의 노예주 제임스 헨리 해먼드James Henry Hammond가 주장한 대로 일부를 사회의 '밑바닥으로' 떠밀어 나머지를 떠받치게 만들 것이 아니라 다른 모든 활동의 토대가 되는 필요노동을 전혀 다른 식으로 할당할 방법을 찾아야 한다.[6]

자동화 이론가들이 과학기술에 희망을 거는 것과 달리, 카를 마르크스, 토머스 모어, 에티엔 카베Étienne Cabet, 표트르 크로포트킨 같은 원조 탈희소성 이론가들은 이 난제를 푸는 데 데우스 엑스 마키나deus ex machina*를 동원하지 않았다. 이들은 생산 자동화를 이루지 않고도 탈희소성 사회를 실현할 수 있다 믿었으며, 이를 위해서는 사회적 삶을 분리되어 있지만 밀접한 관계를 갖는 두 영역, 즉 필요의 영역과 자유의 영역으로 재편해야 한다고 주장했다.[7] 이렇게 사회적 삶을 두 영역으로 구분하는 사고방식은 고대 그리스에서 시작되었으나, 아리스토텔레스는 신분을 기준 삼아 노예는 필요의 영역에 종속되며 시민만이 자유의 영역을 누릴 자격이 있다고 보았다. 아리스토텔레스는 완전 자동화된 기계가 존

---

* 고대 그리스 연극의 무대 기법으로 기계 장치를 동원해 신이 나타난 것처럼 연출함으로써 극 중 사건을 해결하는 수법이다.

재하지 않는다는 사실을 근거로 노예제를 정당화하는데, 이는 자동화 담론을 거꾸로 뒤집는 것이나 다름없다. 그는 "모든 도구가 사용자에 의해, 혹은 스스로 자신에게 걸맞은 일을 할 수 있다면 장인에게는 도제가, 노예주에게는 노예가 필요치 않을 것이다"라고 말했지만[8], 그런 기계가 없는 한 노예제가 필요할 수밖에 없다고 생각했다.

반면 토머스 모어는 '황금 사슬Gold Chains'* 을 두른 노예의 존재를 배제하지는 않았지만, 신분이 아니라 각자의 삶 속에서 두 영역을 구분해야 한다고 보았다. 플라톤의《국가》, 그리고 '모든 것은 공동의 것'이라는 원리에 따라 살았던 초기 기독교도들로부터 영감을 얻은 모어는 화폐와 사유재산이 폐지된 상상의 섬 유토피아를 묘사한다. 모어는 등장인물의 입을 빌려 이렇게 말한다. "사유재산이 존재해 모든 것이 돈을 기준으로 평가받는 한, 정의롭고 살기 좋은 나라를 만들기란 불가능에 가까운 일입니다. 당신이 가장 악한 자가 가장 좋은 것을 차지하는 일을 정의롭다 여기거나, 행복을 제대로 누리지도 못하는 소수가 모든 것을 나눠 가지며 나머지는 빈곤 속에 살아가는 상황을 행복이라 여기지 않는

---

* 모어가 묘사한 유토피아에서는 노예나 죄수를 금으로 치장시킴으로써 사람들이 금을 하찮게 여기도록 만든다.

다면 말입니다." 농업에서 자본주의가 싹트기 시작하던 시기를 살았던 모어는 양을 키울 목축지를 늘리기 위해 농민들을 "속이거나 협박해 농사 지을 땅을 빼앗는" 인클로저enclosure 현상에 분개했다. 입에 풀칠이라도 하려면 먹을 것을 훔치는 수밖에 없었던 가난한 농민들은 감옥에 가거나 즉결 처형되었다. 모어는 이처럼 누군가의 부를 위해 누군가는 가난과 죽음에 처해야 하는 체제가 얼마나 부조리하고 잔혹한지 똑똑히 보았기에, 그 대안으로서 필요노동을 모두 함께 짊어지며 누구나 자유의 영역에서 즐거움을 누리는 세상을 제시했다. 《유토피아》에는 "이 나라의 최고 목표는 모든 시민이 가능한 한 육체노동을 줄이고, 자유를 만끽하며 정신적 교양을 쌓는 데 시간을 보내도록 만드는 것입니다"라는 구절이 나온다. 그곳에는 일하지 않는 계급(아리스토텔레스가 말하는 자유인)이란 존재하지 않으며, 모두가 자신을 위한 자유 시간을 나눠 갖는다.[9]

모어의 생각은 300여 년 뒤 장자크 루소의 사상을 따르던 프랑스 출신 공화주의자 에티엔 카베에게 영감을 주었다. 영국에서 망명 생활을 하던 중 대영박물관에서 《유토피아》를 읽은 카베는 곧장 탈희소성이 실현된 이상 사회 건설에 뛰어들었고, 이후 《이카리아 기행Voyage en Icarie》이라는 저서를 통해 '재화 공동체 Community of Goods'라 명명한 새로운 사회상을 제시했다.[10] 그는 화폐와 사유재산을 폐지해야 한다는 모어의 생각을 이어받는 한편, 필요노동을 줄이기 위해 발전된 기계를 활용할 것을 제안했다. 카베의 생각은 1840년대 초 프랑스 공산주의자들에게 영감을 주었고, 이들은 다시 자유주의적 공화주의자들에게 흥미를 잃어가던 청년 마르크스에게 영향을 끼쳤다.[11] 마르크스는 프랑수아 노엘 바뵈프를 추종하던 프랑스 평등주의 공산주의자들의 금욕주의를 비판했으며, 프리드리히 엥겔스와 《공산당 선언》을 쓸 무렵 기독교 신비주의자가 된 카베를 거의 언급하지 않았다. 그런데도 마르크스는 공산주의의 가치를 대변하는 그 유명한 슬로건인 "각자는 능력에 따라, 각자에게는 필요에 따라"를 《이카리아 기행》에 나온 "각자에게는 필요에 따라, 각자는 강점에 따라"라는 구절에서 거의 그대로 가져왔다.[12] 탈희소성 사회에 대한 마르크스의 생각은 대부분 모어의 영향을 받은 선구자들로부터 물려받은 것이었다.[13]

그러나 마르크스는 탈희소성 사회를 실현하는 길은 오직 대중운동에 달려 있으며, 현명한 입법자에 의해 하늘에서 뚝 떨어지듯 주어지지 않는다 주장함으로써(플라톤과 모어, 루소, 카베의 생각은 이쪽에 가깝다) 선구자들보다도 한발 더 나아갔다. 1871년에 일어난 파리코뮌이 마르크스에게 큰 영향을 끼친 이유가 여기에 있다.[14] 코뮌이 유지된 두 달여간의 짧은 기간 동안 노동자들은 새로운 형

자동화와 노동의 미래

태의 민주적 자치 정부를 수립했으며, 주기적으로 선출하는 공직자를 언제든 소환 가능한 대표로 대체했다. 코뮌이 실패한 뒤, 프랑스 출신의 아나키스트 엘리 르클뤼Élie Reclus를 비롯한 망명 인사들은 유럽을 떠돌며 표트르 크로포트킨 같은 혁명가들과 교류했다. 러시아 출신의 아나키즘 운동가 크로포트킨은 어떻게 하면 민주적으로 조직된 탈희소성 사회를 건설할 수 있을지 자세히 설명하고자 왕성한 저술 활동을 한 인물이다. 그는 탈희소성 사회에서는 자발적 결사체의 역할이 특히 중요하다 강조했으며, 화폐와 사유재산이 폐지되고 필요노동을 다 함께 부담하는 세상이 오면 대중이 직접 만든 조직들이 번성하리라 전망했다.[15]

이후로도 사회주의 계산 논쟁*을 촉발한 오토 노이라트Otto Neurath나 W. E. B. 듀보이스, 존 듀이, 칼 폴라니 등 여러 사상가들이 앞선 탈희소성 이론가들의 주장을 이어받아 다양한 형태로 발전시켰다. 이들은 남녀 모두가 민주적으로 참여한 결사체들이 협동 생산으로 시장 원리를 대체하고, 자본주의하에서 발전한 과학기술을 활용해 공동의 필요노동을 줄임으로써 개인 자유의 영역을 확대하는 세상을 구상했다. 가령 듀보이스는 "미래 산업 민

---

* 1920~1930년대에 사회주의 사회에서도 합리적인 자원 배분이 가능한가를 놓고 학계에서 벌인 논쟁.

주주의" 사회에서는 각자 "3시간에서 6시간"만 필요노동에 참여하면 "충분"하므로 "여가와 운동, 공부, 취미 활동에 쓸 시간이 넘칠 것"이며, 누구는 예술을 하고 누구는 "허드렛일"을 하며 다른 사람을 뒷바라지하는 것이 아니라 "모두가 예술을 하고 모두가 서로에게 봉사"하리라 전망했다. '사회주의'와 '공산주의'는 스탈린주의에 입각한 계획 경제나 급속한 공업화와 동일시되기 전까지만 하더라도, 많은 사람에게 탈희소성 사회에 관한 비전을 의미했다.[16]

지금부터는 이런 비전의 핵심 요소인 필요의 영역과 자유의 영역이 각각 어떤 모습일지를 전망해보고, 생산을 장악한다는 가정 하에 잠재력을 완전히 발현한 개인들이 어떻게 노동저수요 문제를 사회 해방의 방향으로 풀어낼 수 있을지 간략히 설명하려 한다.

협력적 정의

필요의 영역에서는 공동의 재생산을 위해 필요노동을 모두 함께 부담한다. 이는 각자가 자유의 영역에서 원하는 일을 하기 위한 전제 조건이다. 필요노동의 정확한 범위는 따로 정해져 있지 않기에 그에 대한 민주적 합의가 필요하겠지만, 생활에 필요한 재

자동화와 노동의 미래

화와 서비스를 제공하는 일은 무엇이든 필요노동에 포함될 수 있다(의식주를 비롯해 흔히 사용하는 중간재와 최종재, 위생 시설, 수도, 전기, 의료, 교육, 아동과 노인 돌봄, 통신 및 교통수단 등이 이에 해당한다). 탈희소성 이론가들은 대체로 공동 노동이 어디서나 하루 3~5시간 수준(현재 표준 노동시간의 3분의 1에서 절반 정도)이리라 예상하는데, 주중 특정 요일이나 생애 특정 시기에 일을 몰아서 하는 것도 충분히 허용될 수 있다. 사회에 대한 기여도를 측정하는 기준은 노동시간 외에도 여러 가지가 있을 것이며, 개인의 소질이나 성향에 따라 책임을 나눌 수도 있다. 또한 마을 공동체 내에서 해결해야 하는 과업도 일부 있겠지만, 대다수는 첨단 컴퓨터 기술을 활용해 지역이나 세계 차원에서 수행하도록 설계될 것이다.

물론 필요노동 가운데서도 전문 기술을 요하는 일은 널리 배분하기 어려우므로 농부와 건설 노동자, 외과 의사, 전기 기술자, 기계공은 여전히 필요하다. 다만 잠재력이 완전히 발현되는 세상에서는 이러한 전문 분야 자체가 더 고르게 분배될 것이다. 에드워드 벨러미의 유토피아 소설 《뒤돌아보며》는 탈희소성 사회에서 분업을 조직하는 한 가지 방안을 제시한다. 작품 속 미래 사회에서는 노동의 공급과 수요가 임금이 아닌 노동시간을 결정한다. 전문 기술을 가진 사람은 높은 임금 대신 적은 노동시간으로 보상받으며, 위험하거나 유난히 어려운 일을 하는 사람은 일종의 유명 인사로서 명예로운 칭호를 얻는다. 지금도 보통교육이나 직업 훈련 제도에 대한 선호가 지역마다 다르듯, 분업 문제를 해결하는 방안은 중요한 과업을 빠뜨리거나 엘리트 기술 계급을 만들어내지 않는 한 얼마든지 다양할 수 있다.[17]

이런 식으로 노동을 공유하면 오늘날 잉여 인력으로 전락한 노동자를 비롯해 더 많은 사람이 필요노동에 참여할 수 있으며, 이에 따라 각자가 해야 하는 노동의 양은 줄어들 것이다. 장애인은 물론 별도의 수당을 지급받으며, 휴식을 취하거나 여행을 하거나 상을 당했거나 새로운 문화를 체험하는 등 여러 가지 이유로 장기간 일을 쉬어야 할 경우에도 누구나 수당을 받을 수 있다. 필요노동을 철저히 분배하기 위해서는 노동의 성격을 완전히 바꾸어야만 한다. 역사적으로 여성은 '드러나지 않는' 가정에서 가사 노동을 떠맡아야 했는데, 이렇게 임금노동과 비임금노동을 사회적으로 차별하는 일은 있어서는 안 된다. 또한 생산과 소비 활동은 사회적·생태적 문제와 무관한 최종 목적이 아니라 닫힌 고리와 같은 순환 과정으로 여겨져야 한다.[18] 이러한 조건하에서 제조업 기술자와 농부, 요리사, 청소부, 엔지니어, 예술가의 협동은 새로운 형태의 '공동의 호사communal luxury'를 이루는 밑거름이 될 것이다.[19]

변화의 첫 단추를 끼운 다음에는 잠재력을 완전히 실현한 인류가 공동 노동을 어떤 식으로 바꿀 것인가 하는 문제가 따라 나온다. 여기서는 자본주의 사회에서 발전한 과학기술들이 가치 중립적이지 않다는 사실을 떠올릴 필요가 있다. 지금껏 과학기술은 인류를 고된 노동에서 해방하는 것이 아니라 자본주의의 통제력을 강화하는 방향으로 설계되었다. 그럼에도 불구하고 인류는 수많은 업무를 보다 쾌적하게 만들 기술을 이미 가지고 있다. 일부 계층이 그 혜택을 독점하는 상황을 해결하면 이런 기술을 숙련 노동자와 비숙련 노동자 간의 차이를 줄이거나 특정 종류의 노동 자체를 없애는 데 활용할 수 있다. 그리고 앞서 언급한 문제가 제기될 때는 언제나 공론을 통해 해결 방향을 결정해야 하며, 통제가 불가능할지도 모르는 과학기술의 힘에 결정을 내맡겨서는 안 된다. 자동화 이론가들은 모든 사람이 존엄을 보장받는 세상은 서로가 서로에게 더 이상 의무를 질 필요가 없어질 때 비로소 가능하다 말한다. 하지만, 우리에게 진정 중요한 것은 그런 의무를 인정하는 동시에 새롭게 바꿔나가는 일이다. 전통적인 노동 윤리를 옹호하려는 이야기가 아니다. 설령 우리가 영영 고된 노동에서 해방될 수 없다 할지라도, 자유로운 존재로서 살아가는 일은 지금 당장에라도 가능하다는 사실을 인정하자는 말이다. 민주적 통제와 이웃과의 공동 돌봄을 위한 여건을 마련한 가운데 누구도 소외되지 않는 공동체 생활을 조직한다면 모두가 각자의 자유를 누릴 방법을

보장할 수 있다.[20]

누구도 삶 전체를 노동에 저당 잡히지 않도록 다 함께 분담한다면 이 책에서 말하는 필요노동이나 재생산 노동도 얼마든지 만족스러운 경험이 될 수 있다는 점에 주목하자. 예를 들어 아이를 돌보는 일은 아이가 세상을 보며 느끼는 경이로움을 함께 경험하도록 해준다는 점에서 어른에게도 유익하다. 식사 준비나 설거지 또한 다른 사람과 함께한다면 관계를 형성하고 친밀감을 높이는 데 도움이 된다(혼자 할 때는 머리를 비우는 효과가 있다). 잠재력을 완전히 발현한 인류가 이런 활동을 음식 합성기나 청소용 드론 같은 첨단 장치에 맡기는 쪽을 선호하여 그런 기술을 개발하는 데 적극 나설지 어떨지는 차차 두고 볼 문제다.

탈희소성의 전통에서는 필요노동을 재편함으로써 누구나 재화와 서비스를 자유롭게 누리는 사회를 실현할 수 있다고 본다. 그런 세상이 오면 모어의 말처럼 "손톱만큼의 대가도 지불하지 않고" 공동 창고와 서비스 시설에서 필요한 것은 무엇이든 얻을 수 있다.[21] 필요노동에 얼마나 기여하는지와 관계없이, "인간이라면 누구나 햇빛 아래 몸을 녹일 권리가 있듯" 모두가 음식료와 옷, 주거지, 의료, 교육, 통신과 교통수단을 마음껏 이용할 권리를 얻는 것이다(물론 생태계의 지속 가능성에 따라 재화와 서비스 공급을 제한할 수 있다).[22] 사람들은 별도의 자격 없이도 열차를 타거나 근처 식당에서 밥을 먹고, 치과 치료를 받거나 보육 시설에 아이를 맡기고, 직업교육 과정에 등록하거나 하룻밤 묵을 곳을 마련할 수 있다. 어느 누구도 사회적 재화를 누릴 권리를 빼앗길까 걱정할 필요가 없다.

탈희소성 사회를 실현하는 데는 말 그대로 모든 것을 뚝딱 만드는 풍요의 뿔cornucopia *은 필요치 않다. 희소성과 희소성에 수반하는 사고방식을 극복하기만 한다면 모어가 말한 대로 모두가 "먹고살 걱정 없이 즐겁고 평온한 마음으로"[23] 사는 세상을 만들 수 있다. 이러한 관점에서 보자면 풍요는 과학기술의 한계를 넘어서는 것과 관련이 없다. 오히려 풍요는 사회적 관계에서 나오며, 그 바탕에는 누구도 다른 사람과의 관계 속에서는 자기 존재의 수단을 위협받지 않는다는 원리가 깔려 있다. 이 같은 원리는 사람들이 '무슨 수로 먹고살지?'가 아니라 '사는 동안 무엇을 할까?'라는 물음에 답을 찾으며 살도록 뒷받침하는 안전판이 될 수 있다.[24] 이 질문에 하나의 답만을 끝까지 밀고 나갈지, 때때로 새로운 답을 찾으며 변화를 추구할지는 각자의 자유다. 다만 그 과정에서 모든 사람은 "스스로를 계발하겠다는 목표와 인류 발전에 기여해야 한다는 사명 사이에서 어떻게 균형을 이룰" 것인가 하는 핵심 도전에 직면할 것이다(《스타 트렉: 더 넥스트 제너레이션》의 주인공이자

---

* 그리스 신화에 등장하는 보물로 음식과 재물을 원하는 만큼 꺼낼 수 있는 뿔.

우주선 엔터프라이즈호의 선장인 피카드는 냉동 수면에서 깨어난 21세기의 금융계 거물이 미래 탈희소성 사회를 보고 경악하자 이렇게 말한다).[25]

탈희소성 사회에서도 필요노동이 제대로 수행되도록 하려면 제재 방안이 필요하다. 그러나 사람들을 노동으로 이끄는 유인책은 '일하지 않는 자 먹지도 말라'는 식의 위협이 아니라 함께 힘을 모으자는 식의 초대여야 한다. 오래전부터 경제학자들은 일하지 않으면 먹을 것도, 잘 곳도 없는 신세가 되리라는 위협이 최선의 동기부여 책은 아니라는 사실을 알았다. 심지어 크로포트킨이 살았던 시절에도 경제학자들은 "인간에게 가장 이상적인 환경은 자유로이 생산하고, 어떤 일을 할지 선택할 수 있으며, 일을 방해할 감독관이 없고, 노동이 자신과 다른 사람에게 이익을 가져다준다는 사실을 눈으로 확인하는 것이다"라고 인정했다.[26] 베스트셀러 작가 다니엘 핑크 또한 동기부여를 다룬 저서에서 최고의 성과는 더 많은 금전적 보상이 아니라 자율성, 일을 더 잘하고 싶은 욕망, 목적의식을 경험하는 데서 나오는 것임을 다시 한번 확인시켜 준다.[27]

탈희소성 사회를 성공적으로 운영하기 위해서는 구성원들이 20세기 사회주의 계산 논쟁에서 제기된 물음에 만족스러운 답을 찾을 수 있어야 한다. 디지털 기술과 같은 21세기의 도구를 활용한다면 충분히 가능한 일이다. 데이터를 가공하고 대안을 제시하

자동화와 노동의 미래

는 알고리즘이나 대안 결정을 구조화하는 프로토콜을 만든다면 사람들의 필요와 활동을 손쉽게 조정할 수 있다. 게다가 이런 디지털 기술은 시간이 갈수록 경험이 쌓이면서 개선과 보완이 가능하다는 장점이 있다. 따라서 개인들은 디지털 애플리케이션을 이용해 요구사항을 명확히 표현하고 이를 자신이 속한 조직에 전달할 수 있어야 하며, 조직들은 공정하고 합리적으로 자원을 배분하고 가용 자원을 최대한 활용할 방법을 찾아야 한다. 생산에서 더 이상 효율성을 최우선 목표로 삼지는 않겠지만, 생산자들은 다양한 자원을 손쉽게 공급받는 만큼 여러 생산 기술을 합리적으로 쓸 수 있어야 한다. 그리고 생산자가 민주적으로 결정된 사회적 기준을 충족하지 못할 경우 생산자에게 책임을 물을 방안이 필요하다. 거듭 강조하건대, 이러한 핵심 사안들은 다양한 방식으로 얼마든지 해결 가능하다.[28]

모두를 위한 자유 시간

탈희소성 이론가들은 필요의 영역을 재구성하는 것 자체를 최종 목적으로 삼지 않는다. 핵심은 필요의 영역에서 비롯한 연대를 바탕으로 자유의 영역을 확장하고 이를 다 함께 누리도록 하는 것이다.[29] 필요가 충족되면 각자는 공동체의 울타리를 벗어나 마음 껏 자기 계발에 매진할 수 있다. 단, 자유의 영역을 넓히는 일은 모 두가 함께하는 사회적 기획을 통해 이루어져야 한다. 첨단 과학기 술은 분명 이 과정에서 많은 기여를 하겠지만, 우리는 자동화 이 론가들의 생각과 달리 과학기술에 의존하지 않고도 목표를 이룰 수 있다. 당연한 이야기겠지만 자유의 영역에서는 사회 활동을 하 든, 고독을 즐기거나 취미 활동을 하든, 아니면 "한 마리 짐승처 럼 아무 것도 하지 않고, 물 위에 누워 평화롭게 하늘을 바라보기" 를 택하든 자유롭게 시간을 보낼 수 있다.[30] 위 인용문은 프랑크 푸르트 학파의 비판 이론가 테오도어 아도르노가 남긴 말로, 물질 적 착취와 그로 인한 존재의 불안이 완전히 사라진 세상을 암시한 다. 이런 세상에서는 모두의 이익이 자연스레 조화를 이룰 것이라 거나 인간의 본성이 선하다고 가정할 필요가 없다. 오히려 경제적 억압이 먼저 사라질 때라야 비로소 사람들은 가정이나 직장에서 자신을 억압하는 관계를 끊어내고 새로운 조건하에서 관계를 재 정립할 수 있다.[31]

그렇다면 사람들은 늘어난 자유 시간에 무슨 일을 할까? 흔히 들 탈희소성을 '탈노동'이라 칭하지만 이는 적절치 않은 표현이 다.[32] 아무리 일에 지칠 대로 지친 사람이라도 충분히 쉬고 회복한 뒤에는 좀이 쑤셔서 할 일을 찾기 마련이다. 따라서 사회적 삶을

자동화와 노동의 미래

재조직하여 필요노동의 비중을 줄인다는 것은 노동 자체를 없앤 다기보다 노동이든 여가든 관계없이 원하는 활동을 마음껏 할 수 있는 환경을 만든다는 뜻이다. 여기에는 벽화를 그리거나 다른 나라의 언어를 배우거나 워터 슬라이드를 만들거나 공동 노동에 드는 시간을 단축할 방법을 고안하는 일까지 무엇이든 포함된다. 소설을 쓰거나 교육과 연구 활동을 통해 자신을 재창조하는 일 또한 마찬가지다. 좌우 진영의 자동화 이론가들 모두가 꿈꾸듯, 희소성이 사라지면 누구나 세계 각지의 사람들과 자발적 연대를 이룰 수 있으며, 수학 연구자 모임이나 악기 발명 동호회, 우주선 건조 협회 등 무수한 조직들이 생겨날 것이다. 늘 먹고살 걱정에 시달리며 원치 않는 일을 감내해야 했던 대다수 대중은 난생처음 진심에서 우러난 협력을 경험할 것이다.

　이러한 조건하에서는 "출생지, 어려운 환경에 따른 불운, 생계 불안 탓에 창의적인 사고와 과학적 소질을 낭비하는 일"은 있을 수 없다.[33] 마찬가지로 연구나 예술 활동 지원이 더 이상 투자자의 이익이나 부자의 관심사에 좌우될 필요도 없다. 희소성 사회에서 우리가 '자본'이라 일컫는 것은 탈희소성 사회에서 비로소 '인류 공동의 사회적 유산'이라는 본래 의미를 되찾을 것이다.[34] 진정한 의미의 자본은 수많은 세대를 거쳐 축적되며 누구에게도 속하지 않는 동시에 모두에게 속한다. 이런 자산이 없다면 인간은 원대한 목표를 이룰 수도, 상상할 수도 없다.

　사람들은 자신만의 열정을 좇는 데 필요한 자원을 어떻게 마련할까? 아마 대부분은 자발적인 연대와 조직을 통해 자유의 영역 안에서 원하는 바를 충분히 이룰 것이다. 필요의 영역은 초기에는 생산성을 늘리고 노동시간을 줄이며 자원을 재배치하도록 압력을 가할 것이므로 자본주의 경제와 다를 바 없어 보일 수 있다. 그러나 시장의 강제가 없다면 필요의 영역은 자유의 영역에서 온 혁신을 받아들이며 서서히 바뀌어갈 것이다. 다만 이러한 혁신을 현실에 적용하는 데는 생각보다 오랜 시간이 걸릴지도 모른다. 더 이상 시장 경쟁에서 이기기 위해 새로운 기술을 서둘러 도입할 필요가 없을 뿐더러, 변화를 도입하는 일은 여러 조직 간의 협의를 거쳐야 하기 때문이다(어떤 조직은 맡은 일을 끝내는 데만 만족하고 더 잘 해내는 데는 관심이 없을 수 있다). 결국 탈희소성 사회에서는 성장의 방향이 정해져 있지 않으며, 성장을 위한 성장에 집착할 필요가 없다. 대부분의 필요노동이 품질을 낮추지 않는 이상 생산성을 높이기 힘든 서비스에 속하는 것을 감안하면 더더욱 그럴 이유가 없다.

　탈희소성 사회에 어떤 식으로든 활력을 불어넣는 일은 자유의 영역에 달려 있다. 자유의 영역은 인류가 변화하는 인간의 취향에 맞추기 위해 시간과 공간을 뛰어넘어 자원을 빠르게 재분배하면서 새로운 도구와 악기, 회계 방식, 놀이, 기계 등을 발명하는 곳이다. 자유의 영역에서 어떤 조직에 참여할지는 어디까지나 개인의 선택이므로 누구도 생계를 위해 하던 일을 계속할 필요가 없다. 그곳에서 사람들은 진정 원하는 일만 하면 된다.

　탈희소성 사회는 하나의 중심 계획에 좌우되는 것이 아니라 필요의 영역과 자유의 영역에 속한 활동들을 연관 지었을 때 서로 중복되는 부분의 계획들로 이루어진다. 다만 '필요란 무엇이고 자유란 무엇인가'라는 물음을 비롯해 탈희소성 사회에서 제기되는 모든 쟁점은 자유를 찾은 인류가 정치를 통해 직접 해결해야 한다. 이러한 틀 안에서 우리는 잠재력을 완전히 발현한 개개인이 각양각색으로 삶을 꾸려나가는 모습을 상상해볼 수 있다. 사람들은 누구나 크고 작은 공동체에 속해 있으며, 어떤 사람은 일에 집중하는 반면, 어떤 사람은 일을 적게 하는 대신 자연이나 사회, 인간의 마음, 바다와 별을 탐구할 것이다. 물질적 안정을 유지하는 데 필요한 기본 조건만 갖추어진다면 사람들은 뜨거운 행성에서든 시원한 행성에서든, 자원이 상대적으로 부족하든 풍족하든 관계없이 행복할 수 있다. 탈희소성 사회의 실현으로 모든 사람의 기본 욕구를 충족하는 문제가 해결되면, 인류는 맨 먼저 기후변화를 완화하거나 되돌리고 식민 지배로 인해 수 세기 동안 이어진 불평등을 보상하는 일에 공동의 자원과 집단 지성을 대거 동원할 것이다.[35]

이렇듯 우리는 과학기술이 발전하리라는 가정에 기대지 않고도 민중이 중심이자 주역이 되는 유토피아를 상상하고 설계할 수 있다. 70억이 넘는 인류가 기본적인 존엄을 누리기 위해서는 누군가는 고된 노동의 굴레에 빠지고 누군가는 그 덕택에 자유를 누리는 현실을 용인해서는 안 된다. 우리는 과학기술이 고도로 발전한 지금도 여전히 인간의 몫으로 남은 노동을 다 함께 분담해야 하며, 이를 통해 누구나 자신의 시간을 원하는 일에 사용할 권리와 능력을 갖는 세상을 만들어야 한다.

또한 앞에서 간략하게나마 그려본 탈희소성 사회의 모습은 탈희소성 사회에 이르는 길로서 제시되는 여러 시나리오를 평가할 기준이 될 수 있다. 이 기준에서 판단하건대, 현재 사회 구조가 유지되는 한 인류는 결코 탈희소성 사회에 다다를 수 없다. 오늘날 우리는 경제가 얼마나 좋아지든 더 많이 성장해야 한다는 강박에서 벗어나지 못한다. 기대 수명과 교육 수준, 도시화 정도는 급격히 높아졌지만, 그 혜택은 여전히 일부 계층에 집중된다. 가장 부유한 나라에서조차 많은 대중이 고립되어 있고, 물질적으로 불안정하며, 집단으로서의 힘을 잃었기에 가능성을 온전히 펼치지 못한다. 완전 자동화 사회가 희망과 악몽 어느 쪽이든 될 수 있는 이유는 자동화 기술이 본질상 인간의 존엄과 아무런 관련이 없으며, 자동화만으로는 탈희소성 사회를 이룩할 수 없기 때문이다. 보편

자동화와 노동의 미래

적 기본소득 또한 마찬가지다. 교육과 의료의 기회가 대폭 확대되고, 노동을 함께 나눠 공동체가 활력을 되찾고, 일부 산업이 사회화되며, 재생에너지로의 전환에 막대한 투자가 이루어진다면 기본소득은 비로소 자유를 향한 대기획의 일부가 될 것이다.[36] 그러나 탈희소성 사회로 가는 길은 그와 전혀 다른 형태를 취할 수도 있다. 도중에 길을 잃지 않으려면 다가올 세상에 대해 명확한 비전을 품어야 한다.

후기

변화의 주체

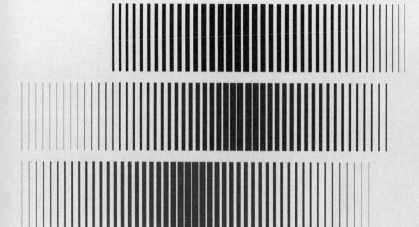

과학기술의 발전도, 기술관료주의적 개혁도 탈희소성 사회로
의 이행을 보장하지 않는다면 남은 길은 사회운동을 통해 사회적
삶의 구조를 뿌리부터 바꾸도록 요구하는 것뿐이다. 자동화 담론
에서 실망스러운 부분 중 하나는 기존의 사회운동이 벌여온 투쟁
을 과소평가하는 경향이 있다는 것이다. 필리프 판 파레이스와 로
버트 판데르페인Robert van der Veen은 1986년에 발표한 논문 〈공
산주의로 가는 자본주의적 길?〉에서 "노동 절약형 기술의 급격한
발전"과 "제한된 경제성장"이라는 문제가 동시에 나타나는 가운
데, 합리적인 인간이라면 사회 변화를 요구하고 실행에 옮길 수
있는 세력을 "조만간 형성하고자 할 것"이라 보았다. 그러나 30년
후 닉 서르닉과 알렉스 윌리엄스는 그렇게 탄생한 세력이 한낱
'민속 정치folk politics'에 그쳤다며 실망을 표한다. 나날이 복잡해

지는 현대 사회에 염증을 느낀 대중이 민속 정치를 통해 지역 공동체 안에서 이웃과 부대끼던 소박한 삶으로 되돌아가기를 요구한다는 것이다.[1]

물론 오늘날의 사회 투쟁에서 해방의 가능성을 찾지 못해 실망하는 것도 일리는 있다. 신자유주의의 거센 파도를 제압하기 위해서는 대규모 인원을 줄기차게 동원할 수 있어야 하지만 그 일을 해낼 만큼 힘과 규모를 갖춘 유일한 운동(역사적 노동운동)은 완전히 패배했다. 이제 파업이나 시위는 대부분 방어 수단에 그친다. 경기 침체가 끝날 줄 모르고 계속되자 자본은 막강한 영향력을 발휘해 긴축과 노동 유연성, 사私영화를 확대하려 하고, 노동자들은 그러한 자본의 발목이라도 잡아 보려 애를 쓰는 것이 고작이다. 노동운동은 경제성장이 둔화되는 가운데 기술이 발전하여 일자리가 사라지는 상황에도 속수무책이었다. 독일의 사회학자 볼프강 슈트렉은 "고삐 풀린 자본주의는 자신뿐만 아니라 반대 세력까지도 와해한다"고 말한다.[2] 이러한 까닭에 경기가 줄곧 내리막길을 걷는 와중에도 대규모 노동조직은 되살아나지 않았다.

그러나 2008년 세계 금융 위기 이후, 정치적 교착 상태를 깰 가능성이 보이기 시작했다. 지난 수십 년 동안 찾아볼 수 없었던 대규모 사회 투쟁이 하나둘씩 모습을 드러낸 것이다. 중국과 홍콩에서부터 알제리, 이라크, 레바논, 아르헨티나, 칠레, 프랑스, 그리스,

자동화와 노동의 미래

호주, 인도네시아, 미국에 이르기까지 세계 전역에서 파업과 사회 운동이 줄지어 일어났고, 2019년에도 전 세계에서 또 한번 대규모 시위가 벌어졌다.[3] 수많은 사람이 파업과 점거, 봉쇄, 소요, 시위에 동참했고, 음식, 에너지, 교통 등 물가 폭등은 물론 심각해지는 불평등과 고용 불안, 정부 부패, 긴축 등 노동수요의 장기 침체를 나타내는 징후들에 항의했다. 여기에 더해 경찰이 시위 참가자를 살해하는 일이 발생하자 사회적으로 인정받지 못하던 소수 인종 사회는 억눌러왔던 울분을 터뜨렸고, 시위대들이 일제히 거리로 쏟아져 나왔다.

물론 봇물 터지듯 일어난 사회운동은 완강한 정부를 물러서게 할 만큼 저력을 유지하지 못했고, 결국 상황이 뒤바뀌며 실패하고 말았다. 그렇지만 이 운동은 정치 지형을 넓히고 급진적 성향을 가진 활동가 세대를 양성하는 성과를 거두었다. 유토피아를 예견하는 선지자뿐만 아니라 해방을 위해 사회 변화에 뛰어들 새 지지층을 배출했다는 점에서 현시대는 19세기 중반과 닮았다고 볼 수 있다. 지난 수십 년에 걸쳐 나타난 우리 시대의 객관적 특징이 이러한 추측을 뒷받침한다. 오늘날은 역사상 가장 교육이 보편화되었고, 가장 도시화 수준이 높으며, 사람들이 어느 때보다 밀접하게 연결된 시대다. 영국 출신의 저널리스트 폴 메이슨은 온난화로 인해 날로 해수면이 높아지는 가운데, 교육 수준이 높고 모바일 환경에 익숙한 대중이 "불평등이 심해지고 성장이 멈춘 미래를 잠자코 받아들이지는 않을 것"이라 전망한다.[4] 다만 대중의 이런 성향이 더 자유로운 미래로 가는 길을 열지는 두고 볼 문제다.

2020년 초 코로나19가 확산됨에 따라 전 세계로 번지던 사회 투쟁의 물결은 잠시 소강상태에 들어갔지만, 팬데믹으로 전 세계가 급격한 경기 침체를 맞으면서 다시 시작될 기미를 보이고 있다. 한 가지 분명한 사실은 현재의 사회운동이 단단히 뿌리를 내려 오래도록 지속 가능한 구조를 갖춘다 할지라도 그 모습은 지난 세기 노동 운동과 전혀 다르리라는 것이다. 노동운동이 탄생한 시대와 오늘날에는 엄청난 간극이 있다. 노동운동은 공업화가 장기간에 걸쳐 진행되던 시기에 등장했지만, 지금 우리는 탈공업화로 인한 침체에 시달린다. 따라서 오늘날의 사회운동은 공업화의 종언이 가져올 결과를 둘러싼 투쟁이 될 것이다. 세계경제가 공업 생산이나 공장 노동자의 존재에 더 이상 기대지 않으리라는 말이 아니다. 고용에서 제조업이 차지하는 비중이 줄어든다는 것은 곧 제조업 노동자들이 공정하고 합리적인 미래 질서를 대변하는 세력이라 자처하기 어려워진다는 뜻이다. 남아프리카공화국이나 대한민국, 브라질처럼 최근에 공업화가 이루어졌고 제조업 노동자들이 1970년대와 1980년대 민주화 투쟁의 주역이었던 나라들조차 서비스업 중심의 경제로 바뀐 지 오래다.[5]

자동화와 노동의 미래

이렇듯 노동인구 구성이 변화하면 사회운동의 본질 또한 달라질 수밖에 없다. 자동화 담론에서는 그 정도를 지나치게 과장하는 경향이 있지만, 인간의 직접노동이 핵심 산업에서 맡는 역할은 분명 전보다 훨씬 작아졌다. 마르크스가 예견했듯, 과학과 기술적인 지식은 자연력과 기계 모두를 동원해 거대한 하부 구조를 구축함으로써 인간의 노동을 밀어내고 주 생산력의 자리를 차지했다. 이에 따라 수많은 노동자가 일터에서 쫓겨나 생산성 증가율이 낮고 미래가 보이지도 않는 서비스업에 온종일 파묻히는 처지가 되었다. 이전 세대 노동자들은 나날이 증가하는 생산성의 혜택을 누가 가져갈 것인지를 두고 격렬히 투쟁했지만, 이제 그런 일은 일어나지 않는다. 오늘날 생산 비용을 낮추는 데 집착하는 자본의 특성은 노동자 대부분이 임금 인상 없이 더 강도 높은 노동에 시달리는 현실에 고스란히 반영된다. 이제는 노동 쟁의가 아예 일어나지 않는다는 이야기가 아니라 투쟁을 결정짓는 논리가 명백히 달라졌다는 뜻이다.

일부 좌파 비평가는 고용이 불안정한 노동자들의 불만이 아무리 커진들, 이들에게는 생산 현장에 압박을 가해 그들의 요구를 관철할 만한 힘이 없다고 주장한다.[6] 그러나 생산 과정에서 낭비를 최대한 줄이고 재고를 낮게 유지하는 린 생산방식lean production과 적시생산시스템Just-In-Time이 일반화된 오늘날에는 주요 도시

내부와 주변 지역의 유통망을 조직적으로 봉쇄하는 전략이 큰 효과를 거둘 수 있으며, 이는 실제 사례를 통해서도 입증되고 있다. 1990년대 중반 아르헨티나에서 시작된 피케테로piquetero 운동은 그 선구자격인 사례다. 당시 직장을 잃은 노동자들은 부에노스아이레스 주변의 고속도로를 봉쇄하고 실업급여 개선을 요구했다.[7] 2011년 이후에는 미국과 프랑스, 이집트 등지의 노동자들이 이 전략을 산발적으로 활용했다.

한편 대규모 투쟁의 과정에서 벌어지는 자치 공간은 사회운동 참여자들에게 사회의 본질과 미래를 둘러싼 대화의 장이 되기도 한다. 집회는 보통 모든 사람에게 열려 있다. 그 안에서도 일상의 위계에 따른 압박이 있지만, 그것이 누구나 사회 문제에 대해 발언할 자격이 있다는 공감대를 해치지는 않는다. 또한 점거 공간과 봉쇄 현장에서 사람들은 서로를 진정으로 돌본다. 이들은 아무런 대가를 기대하지 않고 요리와 빨래를 하고 아이들을 보살핀다. 물론 여기에 쓰이는 재료의 대부분은 이들이 점거나 봉쇄 같은 행위를 통해 뒤흔들려 하는 일상생활에서 구입한 것이기는 하다. 하지만 이들의 노력은 보다 단순한 삶에 대한 집착에서 나온 것이 아니다(따라서 이는 앞서 언급한 '민속 정치'나 나치 독일이 추구한 '원민중적völkisch' 민족주의와 무관하다). 사회운동에서 나타나는 연대가 설령 일시적인 사건에 그친다 할지라도 이는 인간의 존엄성이 일반화되고 경계와 한계가 줄어든 세상을 암시한다.

하지만 이러한 저항은 아무리 규모가 커진다 한들, 노동계급의 집단 재생산을 둘러싼 모든 투쟁이 직면한 한계는 벗어나지 못했다. 그리고 그 사이 임금 정체와 고용 불안, 복지국가의 후퇴로 노동계급의 처지는 나락에 빠졌다. 현재의 사회 투쟁은 산업의 핵심으로 남은 부문에서 파업을 일으키거나 다른 파업들과 연대할 때조차 '재생산'을 넘어 '생산'의 층위로 나아가지 못한다. 이런 움직임들이 오늘날의 대위기와 코로나19 팬데믹이라는 재난 속에서 얼마나 많은 희망을 불어넣든 간에, 현 체제를 타파하려는 우리 시대의 저항은 여태껏 전혀 다른 세상에 대한 비전을 제시하지 못했다. 자본주의 사회의 하부 구조를 공동의 통제 아래에 두고, 노동을 재조직·재분배하며, 재화와 서비스를 무상으로 제공하여 희소성을 극복하고, 존재의 안정과 자유에 관한 새로운 전망을 세워 인간의 능력까지 확장하는 세상은 구상하지도 못했다.

생산 장악이라는 역사적 과업을 중심으로 투쟁을 조직하지 않는 한, 사회운동은 인간이 된다는 것의 의미를 새롭게 구성하는 데까지 나아가지 못할 것이다. 가난한 자와 백만장자, 무국적 난민과 강제 수용소, 희망은커녕 숨 돌릴 틈조차 없는 고된 노동으로 소진되는 삶이 사라진 세상에서 산다는 것이 어떤 의미인지 알아내지도 못할 것이다. 비전 없는 운동은 맹목적이다. 하지만 운동에 뛰어들지 않는 이상주의자는 한없이 무력하다. 탈희소성 사회를 건설하기 위한 대규모 사회 투쟁이 없다면 후기 자본주의 시대의 이상주의자는 그저 기술 유토피아를 꿈꾸는 신비주의자로 남을 것이다.

자동화와 노동의 미래

주

1장 자동화 담론

1 에드워드 벨러미가 묘사한 유토피아에 대해서는 다음을 참고하라. Edward Bellamy, *Looking Backward, 2000–1887*, Oxford, 2007 [1888], p. 68.

2 각각의 사례에 대해서는 다음 자료들을 참고하라. Daniela Hernandez, "How to Survive a Robot Apocalypse: Just Close the Door", *Wall Street Journal*, November 10, 2017; David Autor, "Why Are There Still So Many Jobs? The History and Future of Workplace Automation", *Journal of Economic Perspectives*, vol. 29, no. 3, 2015, pp. 25~26.

3 Andy Puzder, "The Minimum Wage Should Be Called the Robot Employment Act", *Wall Street Journal*, April 3, 2017; Françoise Carré and Chris Tilly, *Where Bad Jobs Are Better: Retail Jobs across Countries and Companies*, Russell Sage, 2017.

4 이는 레이 커즈와일 같은 기술낙관론자들의 입장과 차이가 있다. 커즈와일은 과학 기술이 발전하는 것만으로도 유토피아를 실현할 수 있으므로 사회를 변화시킬 필요가 없다고 본다.

5 Erik Brynjolfsson and Andrew McAfee, *The The Second Machine Age: Work, Progress, and Prosperity in a Time of Brilliant Technologies*, W.W. Norton, 2014, pp. 34, 128, 134ff, 172, 232.

6 Martin Ford, *Rise of the Robots: Technology and the Threat of a Jobless Future*, Basic Books, 2015, pp. xvii, 219.

7 같은 책, 257~261쪽. 해마다 자동화를 다룬 책이 쏟아져 나오는데, 최근에 나온 책 중에서는 아래의 두 저서가 돋보인다. Carl Benedikt Frey, *The Technology Trap: Capital, Labor, and Power in the Age of Automation*, Princeton, 2019; Daniel Susskind, *A World without Work: Technology, Automation, and How We Should Respond*, Metropolitan, 2020. 자동화에 대한 논의에 비교적 늦게 동참한 두 저자는 자동화 담론 내에서 고개를 드는 비관론을 대변한다. 칼 베네딕

트 프레이는 자동화가 반드시 노동 없는 사회로 이어지지는 않으리라 보는 반면,
대니얼 서스킨드는 자동화가 노동을 없애리라는 데는 동의하지만 그로 인한 문제
를 해결하기 위해 기본소득을 도입해야 한다는 주장에는 의문을 제기한다.

8 Andy Kessler, "Zuckerberg's Opiate for the Masses", *Wall Street Journal*, June
   18, 2017.

9 다음 작품을 예로 들 수 있다. Iain M. Banks, *Look to Windward*, Pocket
   Books, 2000. 저자가 〈컬처〉 시리즈에 관해 쓴 다음의 에세이도 참고하라. "Notes
   on the Culture", *State of the Art*, Night Shade Books, 2004.

10 각각의 사례에 대해서는 다음을 참고하라. Claire Cain Miller, "A Darker
   Theme in Obama's Farewell: Automation Can Divide Us", *New York Times*,
   January 12, 2017; Kessler, "Zuckerberg's Opiate For the Masses", *Wall Street
   Journal*, June 18, 2017; Eduardo Porter, "Jobs Threatened by Machines:
   A Once 'Stupid' Concern Gains Respect", *New York Times*, June 7, 2016;
   Kevin Roose, "His 2020 Campaign Message: The Robots Are Coming", *New
   York Times*, February 12, 2018; Andrew Yang, *The War on Normal People:
   The Truth about America's Disappearing Jobs and Why Universal Basic
   Income Is Our Future*, Hachette, 2018; Andy Stern, *Raising the Floor:
   How a Universal Basic Income Can Renew Our Economy and Rebuild the
   American Dream*, PublicAffairs, 2016.

11 Nick Srnicek and Alex Williams, *Inventing the Future: Postcapitalism and a
   World without Work*, Verso, 2015, p. 112.

12 Peter Frase, *Four Futures: Life after Capitalism*, Verso, 2016; Manu Saadia,
   Trekonomics: The Economics of Star Trek, Inkshares, 2016.

13 Srnicek and Williams, *Inventing the Future*, Verso, 2015, p. 127.

14 Aaron Bastani, *Fully Automated Luxury Communism: A Manifesto*, Verso,
   2019.

15 마틴 포드는 팬데믹이 "소비자의 선호를 바꾸고 자동화를 위한 새로운 기회의 장
   을 열 것"이라 주장한다. Zoe Thomas, "Coronavirus: Will Covid-19 speed up
   the use of robots to replace human workers?", *BBC News*, April 19, 2020.
   이 밖에도 다음 자료들을 참고하라. Michael Corkery and David Gelles, "Robots
   Welcome to Take Over, as Pandemic Accelerates Automation", *New York*

Times, April 20, 2020; Carl Benedikt Frey, "Covid-19 will only increase automation anxiety", *Financial Times*, April 21, 2020. 이에 대한 반론은 다음을 참고하라. Matt Simon, "If Robots Steal So Many Jobs, Why Aren't They Saving Us Now?", Wired Magazine, March 23, 2020.

16 Kurt Vonnegut, Player Piano, Dial Press, 2006 [1952], p. 73.

17 칼 프레이와 마이클 오스본은 2013년에 처음 이 연구를 마틴스쿨 연구소 온라인 보고서로 공개했고, 이후 다음 논문으로 발표했다. "The Future of Employment: How Susceptible Are Jobs to Computerization?", *Technological Forecasting and Social Change*, vol. 114, January 2017. OECD의 연구는 다음을 참고하라. Ljubica Nedelkoska and Glenda Quintini, "Automation, Skills Use, and Training", *OECD Social, Employment, and Migration Working Papers*, no. 202, 2018.

18 이 통계는 다음의 자료에 인용되어 있다. Jerry Kaplan, "Don't Fear the Robots", *Wall Street Journal*, July 21, 2017. 더불어 다음 자료를 참고하라. Robert Atkinson and John Wu, "False Alarmism: Technological Disruption and the US Labor Market, 1850‒2015", Information Technology and Innovation Foundation, 2017, itif.org.

19 Wassily Leontief, "Technological Advance, Economic Growth, and the Distribution of Income", *Population and Development Review*, vol. 9, no. 3, 1983, p. 404.

20 케인스는 자본주의 경제에 완전고용을 자동으로 보장하는 메커니즘은 존재하지 않는다는 것을 깨닫고 이와 비슷한 반응을 보였다. 여기에 대해서는 다음 자료들을 참고하라. "Economic Possibilities for Our Grandchildren (1930)", *Essays in Persuasion*, Harcourt Brace, 1932; William Beveridge, *Full Employment in a Free Society*, George Allen & Unwin, 1944, esp. pp. 21~23.

21 Karl Marx, *Capital: A Critique of Political Economy*, vol. 1, Penguin Classics, 1976 [1867], pp. 492~508.

22 Amy Sue Bix, *Inventing Ourselves out of Jobs: America's Debate over Technological Unemployment, 1929–1981*, Johns Hopkins University Press, 2000, pp. 305~307. 다음 자료도 참고하라. Jason Smith, "Nowhere to Go: Automation, Then and Now", *Brooklyn Rail*, March‒April 2017.

23 근대사에서는 지속적인 노동저수요에 대해 보다 불길한 전망을 내놓는 두 주
장 또한 일정 시기마다 주목을 받았다. 노동저수요를 해명하려는 이들은 맬서스
의 인구 역학을 참고하곤 했으며, 때로는 유대인 은행가들이 통화 공급을 조작하
고 있다는 괴담을 근거로 삼기도 했다. 이에 대해서는 다음 자료들을 참고하라.
Ian Angus and Simon Butler, *Too Many People? Population, Immigration,
and the Environmental Crisis, Haymarket books*, 2011; Moishe Postone,
"Anti-Semitism and National Socialism: Notes on the German Reaction to
Holocaust", *New German Critique*, 19, S1, 1980.

24 다음 사례를 참고하라. Jeanna Smialek and Keith Collins, "How the Fed Lost
Its Faith in 'Full Employment'", *New York Times*, December 12, 2019. R. 제
이슨 파버만을 비롯한 연준 소속 경제학자들은 2008년 금융 위기 이후에는 구
직 포기자와 근무시간이 일정치 않거나 임금 상승을 기대하기 힘든 불완전고용
노동자로 인해 "실업률"만으로 "노동시장에서 수요와 고용이 불일치할 가능성"
을 온전히 파악할 수 없었다고 말한다. "The Shadow Margins of Labor Market
Slack", NBER Working Paper 26852, March 2020. 이러한 논의들은 코로나
19로 경기가 침체에 빠지면서부터 본격적으로 주목받기 시작했다.

25 Aaron Benanav, "Crisis and Recovery", *Phenomenal World*, April 3, 2020.
이 자료는 phenomenalworld.org에서 확인 가능하다.

26 저소득 국가에서는 자영업을 하거나 무급으로 가사노동에 종사하는 사람이 무수
히 많으므로 노동소득 분배율을 측정할 때 자영업에서 발생한 소득을 포함한다.

27 다음 자료들을 참고하라. Josh Bivens and Lawrence Mishel, "Understanding
the Historic Divergence between Productivity and a Typical Worker's Pay",
EPI Briefing Paper 406, September 2015; Paolo Pasimeni, "The Relation
between Productivity and Compensation in Europe", European Commission
Discussion Paper 79, March 2018.

28 다음 자료를 참고하라. Kathleen Thelen, *Varieties of Liberalization and the
New Politics of Social Solidarity*, Cambridge University Press, 2014.

29 David Autor, "Paradox of Abundance: Automation Anxiety Returns", in
Subramanian Rangan, ed., *Performance and Progress: Essays on Capitalism,
Business, and Society*, Oxford University Press, 2015, p. 257; Robert J.
Gordon, *Rise and Fall of American Growth*, Princeton University Press,
2016, p. 604.

30 다음 자료를 참고하라. Fredric Jameson, *Archaeologies of the Future: The Desire Called Utopia and Other Science Fictions*, Verso, 2005.

31 James Boggs, "Manifesto for a Black Revolutionary Party", in Stephen M. Ward, ed., *Pages from a Black Radical's Notebook: A James Boggs Reader*, Wayne State University Press, 2011, p. 219.

2장 전 세계 노동의 탈공업화

1 ILO, *Key Indicators of the Labour Market*, 9th ed., 2015. 이 자료는 2019년에 대한 예측을 포함한다. 세계경제를 기준으로 보면 수많은 서비스 노동자가 비공식적으로 고용되어 있다. 이들은 쓰레기를 뒤져 쓸만한 것을 찾거나 손수레를 끌며 음식을 파는 등의 일을 하는데, 이는 슈퍼마켓, 대형 할인점, 냉장 트럭 같은 20세기 기술의 등장으로 진작 사라졌어야 할 일늘이다.

2 Nick Dyer-Witheford, *Cyber-proletariat: Global Labour in the Digital Vortex*, Pluto Press, 2015, p. 184. 반복적인 지적 활동이 숙련된 기술을 요한다 할지라도, 기계가 따라할 수 없는 손재주가 필요한 비반복적 육체노동보다는 더 자동화하기 쉽다. Erik Brynjolfsson and Andrew McAfee, *The The Second Machine Age: Work, Progress, and Prosperity in a Time of Brilliant Technologies*, W.W. Norton, 2014, pp. 28~29.

3 Eve Batey, "Is SF Facing a Robot Food Apocalypse?", *Eater San Francisco*, January 8, 2020. 다음 자료도 참고하라. Tim Carman, "This Automated Restaurant Was Supposed to Be the Future of Dining. Until Humanity Struck Back", *Washington Post*, October 24, 2017.

4 다음 자료들을 참고하라. Brynjolfsson and McAfee, *The The Second Machine Age*, pp. 30~31; Martin Ford, *Rise of the Robots: Technology and the Threat of a Jobless Future*, Basic Books, 2015, pp. 1~12.

5 David Autor, "Why Are There Still So Many Jobs? The History and Future of Workplace Automation", *Journal of Economic Perspectives*, vol. 29, no. 3, 2015, p. 23.

6 Eileen Appelbaum and Ronald Schettkat, "Employment and Productivity in

Industrialized Economies", *International Labour Review*, vol. 134, nos. 4 – 5, 1995, pp. 607~609.

7   별도의 언급이 없다면 2장에서 인용한 통계는 컨퍼런스보드(The Conference Board)가 발표한 '국가 간 제조업 생산성과 단위 노동 비용 비교*International Comparisons of Manufacturing Productivity and Unit Labour Cost*(2020년 1월 업데이트)'와 '총경제 데이터베이스*Total Economy Database*(2019년 4월 업데이트)'를 참고한 것이다.

8   Fiona Tregenna, "Characterizing Deindustrialisation: An Analysis of Changes in Manufacturing Employment and Output Internationally", *Cambridge Journal of Economics*, vol. 33, no. 3, 2009, p. 433.

9   제조업은 광업과 건설업, 유틸리티 산업을 포괄하는 제2차 산업의 한 분야다. 제2차 산업 전체가 고용에서 차지하는 비중 역시 줄어들었는데, 여기에는 제조업의 고용 감소가 가장 큰 역할을 했다.

10   학술 문헌에서는 다음 자료가 자주 인용된다. Robert Rowthorn and Ramana Ramaswamy, "Deindustrialization: Causes and Implications", IMF Working Paper 97/42, 1997. 관련 언론 자료는 다음을 참고하라. Eduardo Porter, "Is the Populist Revolt Over? Not if Robots Have Their Way", *New York Times*, January 30, 2018.

11   Brynjolfsson and McAfee, *The Second Machine Age*, p. 100.

12   같은 책, pp. 43~45.

13   다음 자료들을 참고하라. Martin Neil Baily and Barry P. Bosworth, "US Manufacturing: Understanding Its Past and Its Potential Future", *Journal of Economic Perspectives*, vol. 28, no. 1, 2014; Daron Acemoglu et al., "Return of the Solow Paradox? IT, Productivity, and Employment in US Manufacturing", *American Economic Review*, vol. 104, no. 5, 2014; Susan Houseman, "Understanding the Decline of US Manufacturing Employment", Upjohn Institute Working Paper 18~287, 2018.

14   Baily and Bosworth, "US Manufacturing", p. 9. 컴퓨터 및 전자기기 분야는 미국 제조업 산출량에서 10~15%가량을 차지한다.

15   Daniel Michaels, "Foreign Robots Invade American Factory Floors", *Wall Street Journal*, March 26, 2017.

16 2016년 제조업 노동자 1만 명당 산업용 로봇 대수를 보면 대한민국(631대), 싱
가포르(488대), 독일(309대), 일본(303대)이 미국(189대), 중국(68대)에 비해
훨씬 높은 것으로 나타났다. 이에 대해서는 다음 자료를 참고하라. International
Federation of Robotics, "Robot Density Rises Globally", *IFR Press Releases*,
February 7, 2018.

17 표준 경제학의 설명에 따르면, 부가가치는 총매출에서 기타 중간 비용을 제하고
임금과 지대 형태로 지급된 소득에 해당한다.

18 이 등식은 보통 아주 작은 값이 나오는 $\Delta P \Delta E$ 항을 고려하지 않은 것이다. 또한
이 등식은 노동생산성의 정의에 따라 나온 것이므로 노동생산성과 산출량, 고용
간의 인과 관계와는 무관하다는 것을 명심할 필요가 있다.

19 다른 유럽 국가들에 비해 프랑스의 일자리 감소 추세가 다소 심각하다는 점은 주
목할 만하다.

20 José Gabriel Palma, "Four Sources of 'Deindustrialization' and a New
Concept of the 'Dutch Disease'", in José Antonio Ocampo, ed., *Beyond
Reforms: Structural Dynamics and Macroeconomic Vulnerability*, Stanford
University Press, 2005, pp. 79~81. 다음 자료들 또한 참고하라. Rowthorn
and Ramaswamy, "Deindustrialization", p. 6; Dani Rodrik, "Premature
Deindustrialization", *Journal of Economic Growth*, vol. 21, no. 1, 2016, p. 7.

21 Rowthorn and Ramaswamy, "Deindustrialization", p. 20. 다음 자료도 참고하
라. Robert Rowthorn and Ken Coutts, "De-industrialisation and the balance
of payments in advanced economies", *Cambridge Journal of Economics*,
vol. 28, no. 5, 2004. 로버트 로손과 동료들은 주로 제조업과 서비스업 간의 성장
률 차이로 탈산업화를 설명하지만, 공업화 이전 시기의 존재와 공업화에서 탈공
업화로 전환되는 시점을 설명하기 위해 수요 구성의 발전적 변화 이론을 받아들
인다.

22 탈공업화를 제조업 고용의 비중이 감소하는 현상으로 본다면, 브라질에서는
1986년부터 탈공업화가 시작되었다고 볼 수 있다. 당시 브라질의 1인당 GDP
는 1만 2100달러(2017년 구매력 평가 지수 기준) 수준이었는데, 이는 탈공업화
가 시작된 1973년 당시 프랑스의 1인당 GDP에 비해 절반이 조금 넘는 정도다.
남아프리카공화국과 인도네시아, 이집트에서 탈공업화가 시작된 시기, 세 나라
의 1인당 GDP는 브라질보다도 더 낮았다. 이에 대해서는 다음 자료들을 참고하
라. Sukti Dasgupta and Ajit Singh, "Manufacturing, Services, and Premature

Deindustrialization in Developing Countries: A Kaldorian Analysis", in
George Mavrotas and Anthony Shorrocks, eds., *Advancing Development:
Core Themes in Global Economics*, Palgrave Macmillan, 2007; Tregenna,
"Characterizing Deindustrialization."

23　피오나 트레게나는 이를 "공업화 이전의 탈공업화"로 표현한 바 있다. 이에 대해
서는 다음 자료를 참고하라. Fiona Tregenna, "Deindustrialization, Structural
Change, and Sustainable Economic Growth", UNIDO/UNU-MERIT
Background Paper 32, 2015.

24　United Nations Industrial Development Organization, *Industrial
Development Report 2018*, 2017, p. 166. 유엔산업개발기구UNIDO는
1991년에서 2016년까지 25년간 전 세계 제조업 비중이 14.4%에서 11.1%로 떨
어졌다고 발표했다. 반면 다른 자료들에서는 2010년대 중반 세계 제조업 비중을
17%에 가까운 수치로 본다. 유엔산업개발기구에서 발표한 수치가 다른 통계들
에 비해 낮은 이유는 중국의 제조업 부문을 보다 엄격하게 평가하기 때문이다.

25　1993년에서 2004년 사이 중국의 경제 개혁에 따라 국영 기업들의 고용은 40%
감소했다. 이에 대해서는 다음 자료를 참고하라. Barry Naughton, *The Chinese
Economy: Transitions and Growth*, MIT University Press, 2007, p. 105.

26　World Trade Organization, *International Trade Statistics 2015*, 2015. 표
A1은 1950년대 세계경제 전반의 농업, 광업, 제조업 생산과 수출 관련 데이터까
지 포괄한다는 점에서 귀중한 자료다. 안타깝게도 WTO는 2015년 이후 이 자료
를 업데이트하지 않았다.

27　세계은행에 따르면 2008년 세계 금융 위기 이후 "무역 증가가 더 둔화된 것은
경제성장이 무역에 덜 의존하게 되어서만이 아니라 세계경제의 성장이 느려졌
기 때문이기도 하다." 이에 대해서는 다음 자료를 참고하라. Mary Hallward-
Driemeier and Gaurav Nayyar, *Trouble in the Making? The Future of
Manufacturing-Led Development*, World Bank, 2018, p. 81.

28　로버트 브레너는 《전 지구적 격변의 경제학The Economics of Global
Turbulence》(Verso, 2006)을 비롯한 여러 저서에서 이러한 주장을 펼쳤다. 이
책에서는 노동의 탈공업화를 설명하기 위해 그의 분석을 확장하고자 한다. 이
와 관련해서는 국제 무역에서 나타나는 '구성의 오류'를 다룬 다음 자료를 참고
하라. Robert A. Blecker, "The Diminishing Returns to Export-Led Growth",
a paper from the Project on Development, Trade, and International Finance,

New York, 2000.

29   Barry Eichengreen, *The European Economy Since 1945*, Princeton University Press, 2007, p. 18.

30   냉전 시기 미국의 방향 전환에 대해서는 다음 자료들을 참고하라. 같은 책, pp. 54~58; Brenner, *Economics of Global Turbulence*, pp. 47~50; Yutaka Kosai, *The Era of High-Speed Growth*, University of Tokyo Press, 1986, pp. 53~68; Herbert Giersch et al., *The Fading Miracle: Four Decades of Market Economy in Germany*, Cambridge University Press, 1992, pp. 17~26.

31   Brenner, *Economics of Global Turbulence*, pp. 67~93. 배리 아이캔그린 또한 "제2차 세계대전 이후의 유럽"을 "수출 주도 성장의 전형적인 예"라고 평가한다. Eichengreen, *The European Economy Since 1945*, p. 38. 기술 이전의 역할에 대해서는 같은 책 24~26쪽을, 1949년 유럽과 일본 통화의 평가 절하가 끼친 영향에 대해서는 같은 책 77~79쪽과 다음 자료를 참고하라. Kosai, *The Era of High-Speed Growth*, pp. 67~68. 이 밖에도 다음 자료를 참고하라. Nixon Apple, "The Rise and Fall of Full Employment Capitalism", *Studies in Political Economy*, vol. 4, no. 1, 1980.

32   Brenner, *Economics of Global Turbulence*, pp. 50~51, 122~142. 1970년대 이후 특정 지역이 경제적으로 앞서 나갈지 뒤처질지는 대체로 국제 통화의 가치 변동에 따라 결정되었다. 달러 가치는 1971년에서 1979년까지 하락했으나 1979년부터 1985년 사이 상승했고, 1985년부터 1995년까지 다시 하락했다가 이후 상승했다. 기간마다 달러로 나타낸 각국의 통화가치는 등락을 거듭했고, 이에 따라 국제 경쟁력이 달라졌다. 경제학 연구에서는 지금도 흔히 미국에서 나타나는 변화 패턴만을 다루는 경향이 있지만 이러한 시각으로는 세계시장에서 나타난 변동성을 제대로 평가할 수 없다.

33   다음 자료들을 참고하라. UNCTAD, *Trade and Development Report 2006*, 2006, pp. 42~50; Kiminori Matsuyama, "Structural Change in an Interdependent World: A Global View of Manufacturing Decline", *Journal of the European Economic Association*, vol. 7, nos. 2-3, 2009, pp. 478~486.

34   로버트 브레너와 정성진의 대담은 이러한 주장을 잘 요약하고 있다. 다음 자료를 참고하라. Robert Brenner and S J Jeong, "Overproduction Not Financial Collapse is the Heart of the Crisis: The US, East Asia and the World", *Asia-Pacific Journal*, vol. 7, issue 6, no. 5, 2009.

35 Brenner, *Economics of Global Turbulence*, pp. 108~114. 이와 관련한 도표 자료는 다음을 참고하라. UNIDO, *Industrial Development Report 2018*, p. 172. 제조업과 비제조업의 가격 변화 차이는 윌리엄 보멀의 '비용 질병'으로 어느 정도 설명이 가능하다는 점을 참고할 필요가 있다.

36 Dani Rodrik, "Premature Deindustrialization", Paper Number 107, 2015, p. 4.

37 Brenner, *Economics of Global Turbulence*, pp. 37~40. 투자재 수요의 감소는 결국 수요 전반의 둔화로 이어졌다. 그 결과 어떤 관점에선 과잉 생산이 심해지는 듯하지만 다른 관점에선 과소 투자와 과소 수요가 심해지는 것으로 보이는 상황 이 벌어졌고, 이는 시장 성장의 둔화와 경쟁 심화를 초래했다.

38 모든 기업은 첨단 기술 사용 여부와 무관하게 생산능력을 지속적으로 향상해야 한다. 이에 관해서는 다음 자료를 참고하라. Sanjaya Lall, "The Technological Structure and Performance of Developing Country Manufactured Exports, 1985-98", *Oxford Development Studies*, vol. 28, no. 3, 2000, pp. 337~369.

39 노동인구가 빠르게 늘어나는 저소득 국가에서는 보통 제조업 고용의 성장 둔화 가 절대적이라기보다는 상대적이다. 제조업 고용 자체는 증가하더라도 노동인구 가 늘어나는 속도가 더 빠르기에 제조업 고용의 비율이 떨어진다.

40 다음 자료를 참고하라. Gary Gereffi, "The Organization of Buyer-Driven Global Commodity Chains: How US Retailers Shape Overseas Production Networks", in Gary Gereffi and Miguel Korzeniewics, eds., *Commodity Chains and Global Capitalism*, Praeger, 1994. 보다 최근에 나온 설명은 다 음 자료를 참고하라. William Milberg and Deborah Winkler, *Outsourcing Economics: Global Value Chains in Capitalist Development*, Cambridge University Press, 2013.

41 Brenner, *Economics of Global Turbulence*, p. 113.

42 이러한 현상에 대한 초기 해석은 다음을 참고하라. G.K. Helleiner, "Manufacturing Exports from Less-Developed Countries and Multinational Firms", *Economic Journal*, vol. 83, no. 329, 1973, p. 28ff. 미국이 다른 나라 에서 조립한 자국 기업의 제품을 수입한 규모는 1966년 9억 5300만 달러에서 1980년 140억 달러로 15년 만에 1300% 증가했다. 이에 대해서는 다음 자료를 참고하라. US International Trade Commission, *Imports under Items 806.30 and 807.00 of the Tariff Schedules of the United States, 1984–1987*, 1988.

43 Nick Dyer-Witheford, *Cyber-Proletariat: Global Labour in the Digital Vortex*, Pluto Press, 2015, p. 71.

44 다음 자료를 참고하라. Gary Herrigel, *Manufacturing Possibilities: Creative Action and Industrial Recomposition in the United States, Germany, and Japan*, Oxford University Press, 2010.

45 중국의 러스트 벨트를 국제적으로 비교하여 설명한 자료는 다음을 참고하라. Ching Kwan Lee, *Against the Law: Labour Struggles in China's Rustbelt and Sunbelt*, University of California Press, 2007, esp. pp. 242~258.

46 Peter Goodman, "The Robots Are Coming and Sweden Is Fine", *New York Times*, December 27, 2017; Yuri Kageyama, "Reverence for Robots: Japanese Workers Treasure Automation", *Associated Press News*, August 16, 2017. 로봇 밀도에 관한 통계는 다음을 참고하라. International Federation of Robotics, "Robot Density Rises Globally."

47 Mary Hallward-Driemeier and Gaurav Nayyar, *Trouble in the Making?: The Future of Manufacturing-Led Development*, World Bank Group, 2018, pp. 97-98.

3장 불황의 그늘 아래

1 별도의 언급이 없으면 이 책에서 말하는 MVA와 GDP 성장률은 명목이 아닌 실질 지표다. GDP 성장과 노동생산성(노동자 1인당 생산한 실질 부가가치) 통계는 컨퍼런스보드(The Conference Board)의 '총경제 데이터베이스*Total Economy Database*(2018년 11월 업데이트)'를 참고했다.

2 독일의 경우 1973년 이후 MVA와 GDP 성장률은 감소했으나 여전히 MVA가 GDP에 비해 빠르게 증가했다. 반면 이탈리아 경제는 완전히 침체에 빠졌다.

3 다음 자료들을 참고하라. William Baumol, "Macroeconomics of Unbalanced Growth: The Anatomy of Urban Crisis", *American Economic Review*, vol. 57, no. 3, June 1967, pp. 415~426; Robert Rowthorn and Ramana Ramaswamy, "Deindustrialization: Causes and Implications", IMF Working Paper 97/42, 1997, pp. 9~11; Dani Rodrik, "Premature Deindustrialization", *Journal of*

Economic Growth, vol. 21, no. 1, 2016, p. 16.

4   자본스톡에 관한 통계는 '펜 월드 테이블 9.1Penn World Table 9.1(2019년 9월 업데이트)'을 참고했다. 이 자료는 2020년 5월 9일 세인트루이스 연방준비은행이 운영하는 데이터베이스인 '프레드FRED'에서 검색한 것이다.

5   Joseph Schumpeter, *Business Cycles*, vol. 1, McGraw-Hill, 1939, pp. 93~94.

6   몇몇 경제학자는 불황이 갖는 경향성과 늘어나는 불평등 간의 관계를 이론화하고 자 한다. 다음 자료들을 참고하라. Thomas Piketty, *Capital in the Twenty-First Century*, Harvard University Press, 2014; Robert J. Gordon, *Rise and Fall of American Growth*, Princeton University Press, 2016. 이밖에 로런스 서머스의 가설을 다룬 글은 다음 자료를 참고하라. *Secular Stagnation: Facts, Causes, and Cures*, eds, Coen Teulings and Richard Baldwin, Vox, 2014.

7   이 현상을 최초로 설명한 사례는 다음을 참고하라. Nicholas Kaldor, *Causes of the Slow Rate of Economic Growth in the United Kingdom*, Cambridge University Press, 1966. 보다 상세한 논의는 다음 자료를 참고하라. Mary Hallward-Driemeier and Gaurav Nayyar, *Trouble in the Making? The Future of Manufacturing-Led Development*, World Bank, 2018, pp. 9~37.

8   A.P. Thirlwall, "A Plain Man's Guide to Kaldor's Growth Laws", *Journal of Post-Keynesian Economics*, vol. 5, no. 3, 1983, pp. 345~346. 과학기술 의 한계를 다룬 자료로는 다음을 참고하라. Robert J. Gordon, *Rise and Fall of American Growth*, Princeton University Press, 2016.

9   다음 자료들을 참고하라. Adam Szirmai, "Industrialization as an Engine of Growth in Developing Countries, 1950–2005", *Structural Change and Economic Dynamics*, vol. 23, no. 4, 2012, pp. 406~420; Adam Szirmai and Bart Verspagen, "Manufacturing and Economic Growth in Developing Countries, 1950–2005", *Structural Change and Economic Dynamics*, vol. 34, September 2015, pp. 46~59.

10   Robert Scott, "The Manufacturing Footprint and the Importance of US Manufacturing Jobs", Economic Policy Institute Briefing Paper 388, January 22, 2015.

11   미국의 제조업 총산출액은 미국 경제분석국Bureau of Economic Analysis의 발 표를 참고했으며, 또한 일본의 제조업 총산출액은 다음을 참고했다. Statistics

Bureau of Japan, "Gross Domestic Product and Factor Income Classified by Economic Activities (at Current Prices)", *Japan Statistical Yearbook 2020*, Table 3-5, p. 100.

12 이에 대해서는 로버트 브레너가《전 지구적 격변의 경제학》스페인어 번역본에 덧붙인 서문을 참고하라. Robert Brenner, "What's Good for Goldman Sachs Is Good for America", *Economics of Global Turbulence*, Akal, 2009. 이 문제에 관한 또 다른 설명은 다음을 참고하라. Robert Skidelsky, *Keynes: The Return of the Master*, PublicAffairs, 2010.

13 Robert Brenner, *The Boom and the Bubble: The US in the World Economy*, Verso, 2002, pp. 188~217.

14 Rana Foroohar, "US Economy Is Dangerously Dependent on Wall Street Whims", *Financial Times*, March 8, 2020.

15 다음을 참고하라. John Plender, "Why 'Japanification' Looms for the Sluggish Eurozone", *Financial Times*, March 19, 2009. 다음 자료 또한 참고하라. Richard Koo, *The Holy Grail of Macroeconomics: Lessons from Japan's Great Recession*, Wiley, 2009.

16 Brenner, *Economics of Global Turbulence*, pp. 153~157. 다음 자료 또한 참고하라. Gary Herrigel, *Manufacturing Possibilities: Creative Action and Industrial Recomposition in the United States*, Germany, and Japan, Oxford University Press, 2010.

17 이어지는 분석에 대해서는 다음을 참고하라. Brenner, *Boom and Bubble*, pp. 48~93.

18 다음 자료들을 참고하라. R. Taggart Murphy, *The Weight of the Yen*, W.W. Norton, 1996, pp. 165~194; Herbert Giersch et al., *The Fading Miracle: Four Decades of Market Economy in Germany*, Cambridge University Press, 1992, pp. 185~255; Brenner, *Boom and Bubble*, pp. 94~127.

19 Murphy, *Weight of the Yen*, pp. 195~218, 239~310; 다음 자료 또한 참고하라. R. Taggart Murphy, *Japan and the Shackles of the Past*, Oxford University Press, 2014; Perry Anderson, "Situationism à l'Envers?", *New Left Review 119*, S2, September – October 2019, pp. 74~77.

20 Brenner, *The Boom and Bubble*, pp. 128~170.

21 Brenner, *Economics of Global Turbulence*, pp. 153~157.

22 국제 무역에서 각 부문의 비율은 제조업이 70%, 농산물, 원유, 광물을 비롯한 1차 산업이 25%, 서비스업이 5%다. 이에 대해서는 다음을 참고하라. World Trade Organization, *World Trade Statistical Review 2018*, 2018, p. 11. 농업의 과잉 생산에 대해서는 다음을 참고하라. UN Food and Agriculture Organization, *State of Food and Agriculture 2000*, 2000.

23 2001년에서 2007년 세계 MVA 성장률은 연평균 3.5%로 상승했으나, 2008년에서 2014년 연평균 1.6%로 떨어졌다. 지역 격차가 줄어든다는 주장에 대해서는 다음 자료들을 참고하라. Michael Spence, *The Next Convergence: The Future of Economic Growth in a Multispeed World*, FSG, 2011; Dani Rodrik, "The Future of Economic Convergence", NBER Working Paper 17400, 2011.

24 Conference Board, *Total Economy Database*. 다음 자료 또한 참고하라. Richard Freeman, "The Great Doubling: The Challenge of the New Global Labour Market", in J. Edwards et al., eds., *Ending Poverty in America: How to Restore the American Dream*, New Press, 2007.

25 다음 자료들을 참고하라. Mike Davis, *Planet of Slums*, Verso, 2006; Aaron Benanav, "Demography and Dispossession: Explaining the Growth of the Global Informal Workforce, 1950 – 2000", *Social Science History*, vol. 43, no. 4, 2019, pp. 679~703.

26 가령 1870년에서 1913년까지 연평균 GDP 성장률은 영국이 1.9%, 프랑스가 1.6%, 독일이 2.9%였다(2001년에서 2017년 사이 세 나라의 연평균 GDP 성장률은 각각 1.6%, 1.2%, 1.4%였다). 이에 대해서는 다음을 참고하라. Stephen Broadberry and Kevin O'Rourke, *The Cambridge Economic History of Modern Europe*, vol. 2, *1870 to the Present*, Cambridge University Press, 2010, p. 36.

27 1913년 기준으로 유럽 인구의 47%가 여전히 농업에 종사했다. 같은 책, p. 61.

28 다음 자료를 참고하라. Paul Bairoch, "International Industrialization Levels from 1750 to 1980", *Journal of European Economic History*, vol. 11, no. 2, Fall 1982. 다음 자료 또한 참고하라. Jeffrey Williamson, *Trade and Poverty: When the Third World Fell Behind*, MIT Press, 2011.

29 예를 들어 다음 자료들을 참고하라. Alexander Keyssar, *Out of Work: The*

자동화와 노동의 미래

First Century of Unemployment in Massachussetts, Cambridge University Press, 1986; Christian Topalov, Naissance du chômeur, 1880~1919, Albin Michel, 1994.

30 크리스틴 로스는 캘리포니아주 오클랜드에서 일어난 '점령하라Occupy' 시위와 파리코뮌에 참여한 노동자들의 경험 간에 흥미로운 유사성이 있다는 점을 지적한다. 이에 대해서는 다음 자료를 참고하라. Kristin Ross, Communal Luxury: The Political Imaginary of the Paris Commune, Verso, 2015, p. 3.

31 Óscar Jordá, Sanjay R. Singh, and Alan M. Taylor, "Longer-run Economic Consequences of Pandemics", NBER Working Paper 26934, 2020.

32 Joseph Schumpeter, Capitalism, Socialism, and Democracy, Routledge, 2003, pp. 81~86.

33 Andy Stern, Raising the Floor: How a Universal Basic Income Can Renew Our Economy and Rebuild the American Dream, PublicAffairs, 2016, pp. 7~8. 다음 자료도 참고하라. Andrew Yang, The War on Normal People: The Truth about America's Disappearing Jobs and Why Universal Basic Income Is Our Future, Hachette, 2018, p. 94.

34 일례로 다음을 참고하라. Ray Kurzweil, The Singularity Is Near, Viking, 2005, p. 67. 이러한 주장에 대한 비판은 다음을 참고하라. Gordon, Rise and Fall of American Growth, pp. 444~447. 로버트 고든은 2005년 이후 무어의 법칙이 깨졌다고 주장한다. 이와 관련해서는 다음 자료를 함께 참고하라. Tom Simonite, "Moore's Law is Dead. Now What?", MIT Technology Review, May 13, 2016.

35 일반 인공지능이 이 정도로 발전할 날이 머지않았다는 주장을 의심하는 AI 연구자들의 비판은 다음을 참고하라. Martin Ford, Architects of Intelligence: The Truth about AI from the People Building It, Packt Publishing, 2018.

36 James Vincent, "Former Facebook Exec Says Social Media Is Ripping Apart Society", Verge, December 11, 2017; Mattha Busby, "Social Media Copies Gambling Methods 'to Create Psychological Cravings'", Guardian, May 8, 2018.

37 다음을 참고하라. Raniero Panzieri, "The Capitalist Use of Machinery: Marx versus the Objectivists", in Phil Slater, ed., Outlines of a Critique *of Technology*, Humanities Press, 1980; Derek Sayer, *The Violence of Abstraction*, Basil Blackwell, 1987.

38 Nick Dyer-Witheford, *Cyber-proletariat: Global Labour in the Digital Vortex*, Pluto, 2015, pp. 87~93.

39 이에 대한 대표적인 해석은 다음을 참고하라. David Noble, *Forces of Production: A Social History of Industrial Automation*, Knopf, 1984. 다음 자료들 또한 참고하라. Tony Smith, *Technology and Capital in the Age of Lean Production: A Marxian Critique of the "New Economy"*, SUNY Press, 2000; Gavin Mueller, *Breaking Things at Work: The Luddites Are Right about Why You Hate Your Job*, Verso, 2020.

40 Ceylan Yeginsu, "If Workers Slack Off, the Wristband Will Know. (And Amazon Has a Patent for It.)", *New York Times*, February 1, 2018; Beth Gutelius and Nik Theodore, *The Future of Warehouse Work: Technological Change in the US Logistics Industry*, UC Berkeley Center for Labor Research and Education, October 2019.

41 수입을 가로막는 높은 관세 장벽 또한 핵심 원인이었다. 이에 대해서는 다음을 참고하라. Niek Koning, *The Failure of Agrarian Capitalism: Agrarian Politics in the UK, Germany, the Netherlands, and the USA, 1846–1919*, Routledge, 2002.

42 다음 자료들을 참고하라. UN Food and Agriculture Organization, *State of Food and Agriculture 2000*; Marcel Mazoyer and Laurence Roudart, *A History of World Agriculture: From the Neolithic Age to the Current Crisis*, Monthly Review, 2006, pp. 375~440.

43 통계의 출처는 다음과 같다. Groningen Growth and Development Centre, *10-Sector Database*(2015년 1월 업데이트). 1980년대 세계 농업 고용 비율에 대해서는 다음을 참고했다. David Grigg, "Agriculture in the World Economy: an Historical Geography of Decline", *Geography*, vol. 77, no. 3, 1992, p. 221. 2018년 통계는 다음을 참고했다. ILO, *World Employment and Social Outlook – Trends 2019*, 2019, p. 14.

44 다음 자료들을 참고하라. Martin Ford, *Rise of the Robots: Technology and the Threat of a Jobless Future*, Basic Books, 2015, pp. 181~191; Stern, *Raising the Floor*, pp. 69~70. 다음 자료 또한 참고하라. Conor Dougherty,

자동화와 노동의 미래

"Self-Driving Trucks May Be Closer Than They Appear", *New York Times*, November 13, 2017. 시종일관 회의적인 로버트 고든은 이를 지나친 과장이라고 의심한다. 다음 자료를 참고하라. Gordon, *Rise and Fall of American Growth*, p. 599ff.

45   광업의 경우 고용에서 차지하는 비중은 다소 낮지만, 자동화가 광범위하게 적용된 최초의 분야다. 다국적 광산 업체 리오 틴토가 호주 서부의 광산을 채굴하기 위해 세운 자동화 계획에 관해서는 다음을 참고하라. William Wilkes, "How the World's Biggest Companies are Fine-Tuning the Robot Revolution", *Dow Jones Institutional News*, May 14, 2018.

46   다음 자료들을 참고하라. Ellen Israel Rosen, *Making Sweatshops: The Globalization of the US Apparel Industry*, University of California Press, 2002; and Jefferson Cowie, *Capital Moves: RCA's Seventy-Year Quest for Cheap Labour*, New Press, 1999.

47   Phil Neel, "Swoosh", *Ultra*, November 8, 2015. 이 자료는 ultracom.org에서 확인 가능하다.; Anna Nicolaou and Kiran Stacey, "Stitched up by Robots", *Financial Times*, July 19, 2017; Jennifer Bissell-Linsk, "Robotics in the Running", *Financial Times*, October 23, 2017; Jon Emont, "The Robots Are Coming for Garment Workers. That's Good for the US, Bad for Poor Countries", *Wall Street Journal*, February 16, 2018; Kevin Sneader and Jonathan Woetzel, "China's Impending Robot Revolution", *Wall Street Journal*, August 3, 2016; Saheli Roy Choudhury, "China Wants to Build Robots to Overtake Its Rivals—But It's Not There Yet", CNBC, August 16, 2018; Brahima Coulibaly, "Africa's Race against the Machines", Project Syndicate, June 16, 2017; AFP, "Tech to Cost Southeast Asia Millions of Jobs, Doom 'Factory Model,' Warns WEF", *AFP International Text Wire*, September 12, 2018.

48   Hallward-Driemeier and Nayyar, *Trouble in the Making?*, pp. 93~96. 클라우드 컴퓨팅의 발전으로 기업들이 웹사이트와 온라인 데이터베이스를 개발하고 감시할 필요가 사라지면서 IT와 콜센터 부문의 고용 또한 전 세계적으로 감소할 것이다. 이미 인도의 거대 IT 기업들은 고용을 줄이고 있다. 이에 대해서는 다음을 참고하라. Simon Mundy, "India's Tech Workers Scramble for Jobs as Industry Automates", *Financial Times*, May 27, 2017.

49   Nathaniel Meyersohn, "Grocery Stores Turn to Robots during the

Coronavirus", *CNN Business*, April 7, 2020. 다음 자료 또한 참고하라. John Reed, Mercedes Ruehl, and Benjamin Parkin, "Coronavirus: will call centre workers lose their 'voice' to AI?", *Financial Times*, April 22, 2020.

4장 낮은 노동수요

1   Wassily Leontief, "Technological Advance, Economic Growth and the Distribution of Income", *Population and Development Review*, vol. 9, no. 3, 1983, p. 409; Erik Brynjolfsson and Andrew McAfee, *The The Second Machine Age: Work, Progress, and Prosperity in a Time of Brilliant Technologies*, W.W. Norton, 2014, p. 179. 닉 다이어 - 위데포드는 "더는 디지털 자본에 필요치 않은 실업 인구의 증가"를 이야기하며(*Cyber-proletariat: Global Labour in the Digital Vortex*, Pluto, 2015, p. 3), 앤드루 양은 "영구히 대체된 노동 대중의 증가"를 주장한다(*The War on Normal People: The Truth about America's Disappearing Jobs and Why Universal Basic Income Is Our Future*, Hachette, 2018, p. xli).

2   SF 소설가 아서 C. 클라크는 "미래의 목표는 완전 실업이며, 그래야 우리는 놀 수 있다. 그것이 우리가 현재의 정치경제 체제를 파괴해야하는 이유이다"고 말한 바 있다. 이에 대해서는 다음 인터뷰를 참고하라. "Free Press Interview: A. C. Clarke", *Los Angeles Free Press*, April 25, 1969. 이 밖에 다음 자료들을 참고하라. Brynjolfsson and McAfee, *The Second Machine Age*, pp. 180~181; Martin Ford, *Rise of the Robots: Technology and the Threat of a Jobless Future*, Basic Books, 2015, pp. 194~196.

3   노동시장의 상태를 측정하는 기준으로서 실업이 갖는 한계에 대해서는 다음을 참고하라. David Blanchflower, *Not Working: Where Have All the Good Jobs Gone?*, Princeton University Press, 2019. 경제적 범주로서 실업의 기원에 대해서는 다음을 참고하라. Michael Piore, "Historical Perspectives and the Interpretation of Unemployment", *Journal of Economic Literature*, vol. 25, no. 4, 1987.

4   Yang, *War on Normal People*, p. 80. Laura Tyson, "Labour Markets in the Age of Automation", *Project Syndicate*, June 7, 2017.

5   실업이 또 다시 늘어나는 상황에 복지국가의 정부들이 어떻게 각기 다른 방식
    으로 적응했는지는 다음 자료들을 참고하라. Gøsta Esping-Andersen, *Social
    Foundations of Postindustrial Economies*, Oxford University Press, 1999;
    Kathleen Thelen, *Varieties of Liberalization and the New Politics of Social
    Solidarity*, Cambridge University Press, 2014; Lucio Baccaro and Chris
    Howell, *Trajectories of Neoliberal Transformation: European Industrial
    Relations since the 1970s*, Cambridge University Press, 2017. 다음의 자료
    또한 참고하라. J. Timo Weishaupt, *From the Manpower Revolution to the
    Activation Paradigm: Explaining Institutional Continuity and Change in an
    Integrating Europe*, University of Amsterdam Press, 2011.

6   이 경향의 예외 사례로는 프랑스, 스페인, 오스트리아, 이탈리아를 들 수 있다. 이
    나라들은 실직자의 소득을 보전하기 위해 상당한 예산을 투입하고 있으며, 평균
    실업률은 더 높다.

7   OECD, *Measuring the Digital Transformation: A Roadmap for the Future*,
    2019, p. 175. 스웨덴은 제2차 세계대전 이후에 이미 적극적 노동시장 정책을 도
    입했으며, 다른 국가들이 수십 년 뒤 스웨덴의 사례를 따랐다.

8   Karl Marx, *Capital: A Critique of Political Economy*, vol. 1, Penguin
    Classics, 1976 [1867], pp. 796, 798. 마르크스의 상대적 과잉인구 개념을 어
    떻게 오늘날의 현실에 적용할 수 있는지는 다음 자료들을 참고하라. Aaron
    Benanav and John Clegg, "Crisis and Immiseration: Critical Theory Today",
    in Beverley Best, Werner Bonefeld, and Chris O'Kane, eds., *SAGE Handbook
    of Frankfurt School Critical Theory*, Sage, 2018, 1629~1648; Endnotes and
    Aaron Benanav, "Misery and Debt", *Endnotes*, no. 2, 2010; Endnotes, "An
    Identical-Abject Subject", *Endnotes*, no. 4, 2015.

9   이와 관련해서는 선진 자본주의 국가를 대상으로 비교 제도 분석을 시도한 다음
    자료를 참고하라. Arne Kalleberg, *Precarious Lives: Job Insecurity and Well-
    Being in Rich Democracies*, Polity, 2018.

10 Josh Bivens and Lawrence Mishel, "Understanding the Historic Divergence
    between Productivity and a Typical Worker's Pay", EPI Briefing Paper 406,
    September 2015.

11 Paul Beaudry et al., "The Great Reversal in the Demand for Skill and
    Cognitive Tasks", NBER Working Paper 18901, 2013; Elise Gould, "Higher

Returns on Education Can't Explain Growing Wage Inequality", *Working Politics Institute(blog)*, Economics Policy Institute, March 15, 2019; Lawrence Mishel et. al., "Wage Stagnation in Nine Charts", EPI Report, January 6, 2015. 기술은 숙련된 노동자에게 유리한 방향으로 발전하기 때문에 불평등이 심화된다는 주장에 대한 상세한 비판은 다음을 참고하라. John Schmitt, Heidi Shierholz, and Lawrence Mishel, "Don't Blame the Robots: Assessing the Job Polarization Explanation of Growing Wage Inequality", EPI – CEPR Working Paper, 2013.

12 다음의 자료는 최근 등장한 과학기술의 법적 맥락을 분석하는 한편, 자동화 이론가들의 설명에 의문을 제기한다. Brishen Rogers, "The Law and Political Economy of Workplace Technological Change", *Harvard Civil Rights-Civil Liberties Law Review*, vol. 55, 2020. 이에 관해서는 다음 자료 또한 참고하라. Nick Srnicek, *Platform Capitalism*, Polity, 2016.

13 Bureau of Labor Statistics, *Contingent and Alternative Employment Relations*, May 2017.

14 대표적인 예외는 스웨덴과 전후 초기의 영국이다. 두 나라는 사회민주당과 노동당 정부가 노동시장 제도를 설계했다. 다음 자료를 참고하라. Gøsta Esping-Andersen, *The Three Worlds of Welfare Capitalism*, Princeton University Press, 1990.

15 OECD, *Indicators of Employment Protection* (2014년 업데이트). 이 자료는 노동자를 해고하는 데 필요한 절차와 비용 측정 기준을 제공한다.

16 Esping-Andersen, *Social Foundations*, pp. 107~111. 유럽 복지국가에서 내부자/외부자를 나누는 차이가 어떻게 변화해 왔는지는 다음 자료를 참고하라. Patrick Emmenegger et al., eds., *The Age of Dualization: The Changing Face of Inequality in Deindustrializing Societies*, Oxford University Press, 2012.

17 독일 노동시장 여건의 악화를 분석한 자료는 다음을 참고하라. Oliver Nachtwey, *Germany's Hidden Crisis: Social Decline in the Heart of Europe*, Verso, 2018, esp. pp. 103~161.

18 ILO, *Non-Standard Employment around the World*, 2016. 이 밖에 다음 자료를 참고하라. Paolo Barbieri and Giorgio Cutuli, "Employment Protection Legislation, Labour Market Dualism, and Inequality in Europe", *European Sociological Review*, vol. 32, no. 4, 2016, pp. 501~516.

19 Brett Neilson and Ned Rossiter, "Precarity as a Political Concept, or, Fordism as Exception", *Theory, Culture, and Society*, vol. 25, nos. 7 – 8, 2008.

20 Bruno Palier and Kathleen Thelen, "Institutionalizing Dualism: Complementarities and Change in France and Germany", *Politics and Society*, vol. 38, no. 1, 2010; David Rueda, "Dualization, Crisis, and the Welfare State", *Socio-Economic Review*, vol. 12, no. 2, 2014.

21 다음 자료들을 참고하라. OECD, *In It Together: Why Less Inequality Benefits All*, 2015, p. 144; Shiho Futagami, "Non-Standard Employment in Japan: Gender Dimensions", International Institute for Labour Studies Discussion Paper DP/200/2010, 2010, p. 29; Kalleberg, *Precarious Lives*, pp. 73~107.

22 OECD, *Economic Outlook*, 2018, p. 54.

23 Aaron Benanav, "The Origins of Informality: The ILO at the Limit of the Concept of Unemployment", *Journal of Global History*, vol. 14, no. 1, 2019, pp. 107~125.

24 Jacques Charmes, "The Informal Economy Worldwide: Trends and Characteristics", Margin: *The Journal of Applied Economic Research*, vol. 6, no. 2, 2012, pp. 103~132. 이 밖에 다음 자료를 참고하라. Aaron Benanav, "Demography and Dispossession: Explaining the Growth of the Global Informal Workforce, 1950 – 2000", *Social Science History*, vol. 43, no. 4, 2019.

25 Jan Breman and Marcel van der Linden, "Informalizing the Economy: The Return of the Social Question at a Global Level", *Development and Change*, vol. 45, no. 5, 2014.

26 다음 자료를 참고하라. Pun Ngai, *Migrant Labor in China: Post-socialist Transformations*, Polity, 2016.

27 실업 혜택을 받는 노동자의 비율은 사하라 이남 아프리카에서는 고작 3%인 반면, 고소득 국가에서는 76%에 달한다. ILO, *World Employment Social Outlook: The Changing Nature of Jobs*, 2015, p. 80.

28 각각의 내용에 대해서는 다음 두 자료를 참고하라. ILO, *Key Indicators*; ILO, *Women and Men in the Informal Economy: A Statistical Picture*, 3rd ed.,

2018, p. 23.

29 ILO, *World Employment Social Outlook*, p. 31.

30 Ronaldo Munck, "The Precariat: A View from the South", *Third World Quarterly*, vol. 34, no. 5, 2013.

31 몇몇 자동화 이론가는 불완전고용을 현대 경제의 보편적 특성으로 간주하지만, 겉으로 보이는 과학기술의 변화에 집중한 나머지 문제를 제대로 설명하지 못한다. 그 예로 다음 자료들을 참고하라. Andy Stern, *Raising the Floor: How a Universal Basic Income Can Renew Our Economy and Rebuild the American Dream*, PublicAffairs, 2016, p. 185; Yang, *War on Normal People*, pp. 79~80.

32 앤드루 니콜이 각본과 연출을 맡은 영화 〈인 타임〉(2011)은 이와 거의 유사한 이야기를 다룬다. 이 밖에도 알폰소 쿠아론의 〈칠드런 오브 맨〉(2006), 닐 블롬캠프의 〈디스트릭트 9〉(2009), 〈엘리시움〉(2013), 페드로 아길레라가 제작한 브라질 TV 드라마 〈3%〉 등을 참고하라.

33 ILO, *Key Indicators*. 17%의 제조업 노동자 가운데 상당수는 비공식 부문에 속한다. 이들은 주로 가정이나 작은 가게, 공장에서 벽돌, 담배, 자물쇠, 신발 등을 만드는 가내 공업에 종사한다.

34 ILO, *Key Indicators*. 이 자료에 따르면 2020년 세계 노동인구의 대다수는 서비스 노동자다.

35 Daniel Bell, *The Coming of Post-industrial Society*, Basic Books, 1973.

36 William Baumol, "Macroeconomics of Unbalanced Growth: The Anatomy of Urban Crisis", *American Economic Review*, vol. 57, no. 3, June 1967, pp. 415~426; Baumol et al., *Productivity and American Leadership: The Long View*, MIT Press, 1989.

37 William Baumol et. al., "Unbalanced Growth Revisited: Asymptotic Stagnancy and New Evidence", *American Economics Review*, vol. 75, no. 4, 1985, p. 806.

38 이와 유사한 분석은 다음을 참고하라. Servaas Storm, "The New Normal: Demand, Secular Stagnation, and the Vanishing Middle Class", *International Journal of Political Economy*, no. 46, 2017, pp. 169~210. 다만 저자는 활력

이 있는 경제 부문에서 일자리가 사라지는 원인은 생산능력 과잉이 아니라 자동화에 있다고 본다.

39 Jonathan Gershuny and I.D. Miles, *The New Service Economy*, Praeger, 1983, p. 22. 다음 자료 또한 참고하라. Jonathan Gershuny, *After Industrial Society? The Emerging Self-Service Economy*, Macmillian, 1978, pp. 56~57.

40 Baumol et. al., "Unbalanced Growth Revisited". 미국의 경우 무역이나 교통 같은 서비스 하위 분야는 2000년 이후 빠른 생산성 증가를 보였다. 그러나 이 분야에서 나타난 혁신은 제조업이 오랜 기간 발전하며 보인 것과 같은 지속적·전반적인 생산성 증가를 가져오지 못했다. 보멀은 물류업 같은 서비스를 일컬어 '접근적으로 정체되는asymptotically stagnant' 분야라 말한다. 이러한 서비스는 분리 가능한 요소들로 구성되는데, 일부는 제조업 공정을 통해 더 효율을 높일 수 있는 반면, 일부는 그렇지 않다(가령 물류 창고에서 물품을 채우거나 골라내는 일은 효율을 높이기 어렵다). 따라서 전자는 시간이 갈수록 효율이 높아지는 데 반해, 후자는 고용의 역할이 더 중요해진다. 이러한 '접근적 정체'는 보통 서비스업에서 나타나는 특징이지만, 의류 재봉이나 전자기기 조립 같은 노동집약적 제조업 분야에서도 찾아볼 수 있다. 이 분야들은 전 세계에서 제조업 일자리가 늘어나는 데 큰 역할을 해왔으나, 오늘날 자동화의 위험에 봉착해 있다.

41 보멀에 따르면, 서비스 가격이 점점 비싸지는 것처럼 느껴지는 이유는 제조업 제품의 가격이 감소하는 데 있다. 상대 가격의 변화가 노동생산성 증가율의 차이에 의해 결정된다는 생각은 본래 노동가치론의 바탕에 깔린 직관에서 나왔다. 이에 대해서는 다음을 참고하라. Adam Smith, *Wealth of Nations*, David Campbell Publishers, 2000 [1776], pp. 73~74.

42 이와 유사한 설명으로는 다음 자료들을 참고하라. Torben Iversen and Anne Wren, "Equality, Employment, and Budgetary Restraint: The Trilemma of the Service Economy", *World Politics*, vol. 50, no. 4, 1998; Storm, "The New Normal."

43 OECD, *Employment Outlook*, 1987, pp. 10~11.

44 David Autor and Anna Salomons, "Is Automation LabourDisplacing? Productivity Growth, Employment, and the Labour Share", *Brookings Papers on Economic Activity*, 2018, pp. 2~3.

45 다음 자료들을 참고하라. ILO and OECD, "The Labour Share in the G20 Economies", report prepared for *the G20 Employment Working Group*,

February 2015, p. 3; IMF, *World Economic Outlook*, 2017, p. 3. 이 밖에도 다음 자료를 참고하라. Loukas Karabarbounis and Brent Neiman, "The Global Decline of the Labour Share", *Quarterly Journal of Economics*, vol. 129, no. 1, 2014.

46   Andrew Sharpe and James Uguccioni, "Decomposing the Productivity-Wage Nexus in Selected OECD Countries, 1986 – 2013", in *International Productivity Monitor*, no. 32, 2017, p. 31.

47   상위 1%의 재산 상속인들이 고소득 노동자에 비해 얼마나 많은 고용인을 부릴 수 있는지에 대해서는 다음을 참고하라. Thomas Piketty, *Capital in the Twenty-First Century*, Harvard University Press, pp. 407~409.

48   Ford, *Rise of the Robots*, p. 219; Mike Davis, *Planet of Slums*, Verso, 2006, p. 199.

49   하위 50%의 소득 증가분 일부는 도시에서 더 많은 생계비를 지출하는 데 쓰였는데, 도시 생계비는 측정하기 어려운 것으로 악명이 높다. 같은 기간 도시화율은 39%에서 54%로 증가했다.

50   Facundo Alvaredo et al., eds., *World Inequality Report 2018*, Harvard University Press, 2018, p. 52.

51   전 세계에서 나타나는 이 같은 현상에 대한 분석은 다음을 참고하라. United Nations, *Human Development Report 2019: Beyond Income, beyond Averages, beyond Today: Inequalities in Human Development in the 21st Century*, 2019.

52   Kalleberg, *Precarious Lives*, pp. 130~149; Blanchflower, *Not Working*, pp. 212~237.

53   OECD, *Employment Outlook*, 2019, p. 29.

54   Marcel van der Linden, "The Crisis of World Labor", *Solidarity*, no. 176, May – June 2015.

           자동화와 노동의 미래

5장 절묘한 해결책?

1 비단 우파만이 이러한 주장을 펼치는 것은 아니다. 이에 대해서는 다음 자료를 참고하라. Jamie Merchant, "Fantasies of Secession: A Critique of Left Economic Nationalism", *Brooklyn Rail*, February 2018.

2 그중에서도 다음 자료들을 참고하라. Darrell West, *The Future of Work: Robots, AI, and Automation*, Brookings Institution Press, 2018, p. 139; Andrew Yang, *The War on Normal People: The Truth about America's Disappearing Jobs and Why Universal Basic Income Is Our Future*, Hachette, 2018, pp. 150~161, 75~77; Eduardo Porter, "Is the Populist Revolt Over? Not If Robots Have Their Way", *New York Times*, January 30, 2018; and Martin Ford, *Rise of the Robots: Technology and the Threat of a Jobless Future*, Basic Books, 2015, pp. 249~252.

3 GDP 대비 국가 채무 비율에 관한 자료의 출처는 다음과 같다. IMF, Historical Public Debt Database, 1945~2015; Global Debt Database, General Government Debt, 2015~2018.

4 Andrew Glyn, "Social Democracy and Full Employment", Wissenschaftszentrum Berlin für Sozialforschung Discussion Paper, no. FS I 95-302, 1995, p. 10.

5 다음 자료들을 참고하라. Robert Brenner, "What's Good for Goldman Sachs Is Good for America", *Economics of Global Turbulence*, Akal, 2009; Wolfgang Streeck, "How Will Capitalism End?", *New Left Review*, no. 87, S2, May – June 2014.

6 Emre Tiftik et al., "Global Debt Monitor: Sustainability Matters", Institute of International Finance, January 13, 2020, quoted in John Plender, "The Seeds of the Next Debt Crisis", *Financial Times*, March 3, 2020.

7 경제성장률에 관한 자료는 다음을 참고하였다. World Bank, *World Development Indicators*(2020년 4월판).

8 Dan McCrum, "Lex in Depth: The Case against Share Buybacks", *Financial Times*, January 29, 2019.

9 John Maynard Keynes, "Economic Possibilities for Our Grandchildren(1930)",

in *Essays in Persuasion*, Harcourt Brace, 1932; *The General Theory of Employment, Interest, and Money*, Harcourt, 1964 [1936], pp. 320~326, 374~377. 다음 자료 또한 참고하라. Geoff Mann, *In the Long Run We Are All Dead: Keynesianism, Political Economy, and Revolution*, Verso, 2017.

10 Keynes, *General Theory*, p. 376. 다음 자료 또한 참고하라. Alvin Hansen, "Economic Progress and Declining Population Growth", *American Economic Review*, vol. 29, no. 1, 1939. 이러한 논의들의 인구학적 측면을 분석한 자료는 다음을 참고하라. Melinda Cooper, "Secular Stagnation: Fear of a Non-Reproductive Future", *Postmodern Culture*, vol. 27, no. 1, 2016.

11 Larry Summers, "Demand Side Secular Stagnation", *American Economic Review*, vol. 105, no. 5, 2015, p. 64.

12 Keynes, *General Theory*, p. 324.

13 Keynes, "Economic Possibilities", pp. 368~369.

14 Lorenzo Pecchi and Gustavo Piga, *Revisiting Keynes' Economic Possibilities for our Grandchildren*, MIT Press, 2008. 이 밖에도 다음 자료들을 참고하라. Mike Beggs, "Keynes's Jetpack", *Jacobin*, April 17, 2012; Robert Chernomas, "Keynes on Post-Scarcity Society", *Journal of Economic Issues*, vol. 18, no. 4, 1984; James Crotty, *Keynes against Capitalism*, Taylor & Francis, 2019.

15 로빈슨은 케인스가 생각한 의무의 우선순위를 뒤집는 연구자들을 "유사 케인스주의자들"이라 비난했다. 이들은 마치 케인스가 "자본주의가 풍요와 양립할수 없다면 자본주의를 유지하기 위해 풍요를 희생해야 한다"고 터무니없는 주장을 한 것처럼 왜곡한다는 것이다. 이에 대해서는 다음 자료를 참고하라. Joan Robinson, "What Has Become of the Keynesian Revolution?", *Challenge*, vol. 6, no. 16, 1974, p. 11.

16 William Beveridge, *Full Employment in a Free Society*, George Allen & Unwin, 1944, pp. 31, 101, 159, 273. 국제 연맹의 최종 보고서에서도 비슷한 주장을 찾아볼 수 있다. "우리는 충분한 수입이 없는 가운데 주어지는 원치 않는 여가가 얼마나 해로운지 뼈저리게 경험한 바 있지만, 그렇다 해서 주된 물질적 욕구가 충족된 상황에서 누리는 여가의 이점마저 외면해서는 안 된다." 이에 대해서는 다음 자료를 참고하라. League of Nations, *Economic Stability in the PostWar World: The Conditions of Prosperity after the Transition from War to Peace*, 1945, pp. 228~229.

17 다음 자료들을 참고하라. Robert Pollin, *Greening the Global Economy*, MIT Press, 2015; Ann Pettifor, *The Case for a Green New Deal*, Verso, 2019; Kate Aronoff et. al., *A Planet to Win: The Case for the Green New Deal*, Verso, 2019. 그린 뉴딜에 대한 비판은 다음 자료들을 참고하라. Geoff Mann and Joel Wainwright, *Climate Leviathan: A Political Theory of Our Planetary Future*, Verso, 2018, pp. 99~128; Troy Vetesse, "To Freeze the Thames", *New Left Review*, no. 111, S2, May – June 2018; Jason Hickel, "Degrowth: A Theory of Radical Abundance", *Real World Economics Review*, no. 87, 2019, pp. 54~68; Nicholas Beuret, "A Green New Deal between Whom and for What?", *Viewpoint*, October 24, 2019.

18 Nixon Apple, "The Rise and Fall of Full Employment Capitalism", *Studies in Political Economy*, vol. 4, no. 1, 1980.

19 이에 대한 고전적 설명은 다음을 참고하라. Michal Kalecki, "Political Aspects of Full Employment", *Political Quarterly*, vol. 14, no. 4, 1943. 칼레츠키는 자본가들이 완전고용에 반대할 것이라 오해했다. 하지만 자본가들은 민간 투자가 수출 중심의 빠른 성장을 이끌어 완전고용을 달성하는 것에는 전혀 개의치 않았다. 이 밖에도 다음 자료를 참고하라. Jonathan Levy, "Capital as Process and the History of Capital", *Business History Review*, vol. 91, special issue 3, 2017.

20 James Crotty, "Post-Keynesian Economic Theory: An Overview and Evaluation", *American Economic Review*, vol. 70, no. 2, 1980, p. 25; Adam Przeworski, "Social Democracy as Historical Phenomenon", *New Left Review*, no. 122, S1, July – August 1980, pp. 56~58.

21 Oskar Lange and Fred M. Taylor, *On the Economic Theory of Socialism*, University of Minnesota Press, 1938, pp. 119~120. 랑게는 사회주의자들이 "실업을 해결"하기 위한 "노동 계획"을 내세우면 정치적으로 이득을 볼 수 있으리라 전망했다. 하지만 동시에 그는 "기업과 은행의 막강한 경제 권력이 유지되는 한, 정부 당국의 공공 계획에 영향력을 행사하는 것은 기업과 은행이지 그 반대일 수는 없다"고 경고했다. 같은 책, pp. 119, 127~129.

22 이 절에 관해 아낌없이 조언을 주신 로버트 브레너 교수님께 감사를 전한다.

23 Philippe van Parijs and Yannick Vanderborght, *Basic Income: A Radical Proposal for a Free Society and a Sane Economy*, Harvard University Press,

2017, p. 8; Guy Standing, *Basic Income: A Guide for the Open-Minded*, Yale University Press, 2017. 이러한 제안은 다음 자료들에서도 논의된 바 있다. Erik Brynjolfsson and Andrew McAfee, *The The Second Machine Age: Work, Progress, and Prosperity in a Time of Brilliant Technologies*, W.W. Norton, 2014, pp. 232~241; Ford, *Rise of the Robots*, pp. 257~259; Stern, *Raising the Floor*, pp. 171~222; and Yang, *War on Normal People*, pp. 165~174.

24 Ishaan Tharoor, "The pandemic strengthens the case for universal basic income", *Washington Post*, April 9, 2020; Sam Meredith, "The coronavirus crisis could pave the way to universal basic income", *CNBC*, April 16, 2020; Craig Paton, "Coronavirus in Scotland: Nicola Sturgeon eyes plans for universal basic income", *The Times*, May 5, 2020.

25 James Ferguson, *Give a Man a Fish: Reflections on the New Politics of Distribution*, Duke University Press, 2015.

26 판 파레이스와 판데르보흐트는 개혁의 출발점으로 놀랄 만큼 배타적인 기본소득 안을 제시한다. 같은 책, pp. 220~224.

27 다음 자료들 또한 이 점을 지적한다. Nick Dyer-Witheford, *Cyber-Proletariat: Global Labour in the Digital Vortex*, Pluto, 2015, pp. 185~186; Nick Srnicek and Alex Williams, *Inventing the Future: Postcapitalism and a World without Work*, Verso, 2015, p. 127; Annie Lowrey, *Give People Money: How UBI Would End Poverty, Revolutionize Work, and Remake the World*, Crown, 2018, p. 130.

28 이는 1797년 토머스 페인이 발표한 팸플릿 〈토지 정의Agrarian Justice〉에 담긴 주장이다. 이에 대해서는 다음을 참고하라. van Parijs and Vanderborght, *Basic Income*, pp. 70~72.

29 Milton Friedman, *Capitalism and Freedom*, University of Chicago Press, 1962, pp. 191~195; Friedrich Hayek, *Law, Legislation, and Liberty*, vol. 3, University of Chicago Press, 1979, pp. 54~55.

30 시장을 방치하는 대신 특정 의도에 따라 조직하는 원리로서의 신자유주의에 관해서는 다음 자료들을 참고하라. Pierre Dardot and Christian Laval, *The New Way of the World: On Neoliberal Society*, Verso, 2013; Quinn Slobodian, *Globalists: The End of Empire and the Birth of Neoliberalism*, Harvard

University Press, 2018.

31 Charles Murray, *In Our Hands: A Plan to Replace the Welfare State*, AEI, 2016, pp. 11~15; *Coming Apart*, Crown, 2012. 머레이의 지적 궤적에 관해서는 다음을 참고하라. Quinn Slobodian and Stuart Schrader, "The White Man, Unburdened", *Baffler*, no. 40, July 2018. 머레이의 저작이 얼마나 많은 기본소득 옹호론자들에게 영향을 끼쳤는지를 보면 충격적일 정도다. 그 영향에 대해서는 다음 자료들을 참고하라. Brynjolfsson and McAfee, *The Second Machine Age*, pp. 234~237; Ford, *Rise of the Robots*, pp. 262~263; West, *Future of Work*, pp. 99~100; Lowrey, *Give People Money*, pp. 128~130. 앤디 스턴의 경우 머레이와 마틴 루터 킹이 나누는 가상의 대화를 구성하기도 했다. Stern, *Raising the Floor*, pp. 202~203.

32 Murray, *In Our Hands*, p. xi. 이 밖에도 다음 자료들을 참고하라. van Parijs and Vanderborght, *Basic Income*, p. 5; Lowrey, *Give People Money*, pp. 25~26.

33 Murray, *In Our Hands*, pp. 60~68, 81~90.

34 Murray, *In Our Hands*, p. 7. 다음 자료는 충분한 소득과 평등한 소득에 관한 논의의 간극을 날카롭게 분석한다. Samuel Moyn, *Not Enough: Human Rights in an Unequal World*, Harvard University Press, 2018.

35 van Parijs and Vanderborght, *Basic Income*, p. 214.

36 같은 책, pp. 127~128; Erik Olin Wright, *How to be an Anti-Capitalist in the 21st Century*, Verso, 2019, pp. 74~75; Srnicek and Williams, *Inventing the Future*, pp. 117~123. 다음 자료는 더 이른 시기에 이 같은 주장을 제기하여 많은 영향을 끼쳤다. Stanley Aronowitz et al., "The Post-work Manifesto", in Stanley Aronowitz and Jonathan Cutler, eds., *Post-work: The Wages of Cybernation*, Routledge, 1998.

37 van Parijs and Vanderborght, *Basic Income*, pp. 11~12, 214, 220~224, 127~128. 자발적 결사체를 옹호하고 관료제에 반대하는 주장은 의회 공산주의와 아나르코생디칼리슴anarcho-syndicalism 정치의 기본 요소이기도 하다. 이에 대해서는 다음을 참고하라. Immanuel Ness and Dario Azzellini, *Ours to Master and to Own: Workers' Control from the Commune to the Present*, Haymarket, 2011.

38 Srnicek and Williams, *Inventing the Future*, pp. 107~127.

39 같은 책, pp. 117~123. 다음 자료들 또한 참고하라. Robert J. van der Veen and Philippe van Parijs, "A Capitalist Road to Communism", *Theory and Society*, vol. 15, no. 5, 1986; Peter Frase, *Four Futures: Life after Capitalism*, Verso, 2016, pp. 54~58.

40 Keynes, "Economic Possibilities", pp. 366~367; West, *Future of Work*, pp. 83~88. 이 밖에도 이언 M. 뱅크스의 〈컬처〉 시리즈와 다음 자료를 참고하라. Manu Saadia, *Trekonomics: The Economics of Star Trek*, Inkshares, 2016. '완전히 자동화된 화려한 공산주의' 밈의 인기 또한 이 같은 매력적인 미래상과 관련이 있다.

41 Alyssa Battistoni, "Alive in the Sunshine", *Jacobin*, January 12, 2014; van Parijs and Vanderborght, *Basic Income*, pp. 227~230.

42 Elizabeth Anderson, *Private Government: How Employers Rule Our Lives(and Why We Don't Talk about It)*, Princeton University Press, 2017.

43 Katherine Hobson, "Feeling Lonely? Too Much Time on Social Media May Be Why", NPR, March 6, 2017. 다음 자료 또한 참고하라. Brian Primack et al., "Social Media Use and Perceived Social Isolation among Young Adults in the US", *American Journal of Preventative Medicine*, vol. 53, no. 1, 2017.

44 Sareeta Amrute, "Automation Won't Keep Front-Line Workers Safe", *Slate*, April 9, 2020.

45 자동화 이론가들은 자본가들로부터 투자 결정권을 가져온다는 생각조차 하지 않았다. 이들의 계획은 디지털 기술에 대한 민간 기업의 투자에 의존하기 때문이다.

46 Karl Marx, "Economic and Philosophical Manuscripts (1844)" in Karl Marx, *Early Writings*, Penguin Classics, 1992, p. 327.

47 Bertram Silverman, "The Rise and Fall of the Swedish Model: Interview with Rudolf Meidner", *Challenge*, vol. 41, no. 1, 1998.

48 Geoff Eley, *Forging Democracy: The History of the Left in Europe, 1850–2000*, Oxford University Press, 2002. 특히 제1차 세계대전 이후 독일, 이탈리아와 전간기 프랑스에서 노동자 정당과 노동조합들이 어떻게 기회를 놓쳤는지를 다룬 10장과 17장을 참고하라.

6장 필요와 자유

1   Bertolt Brecht, "To Those Born After", in *The Collected Poems of Bertolt Brecht*, Liveright 2018, p. 736.

2   복지 제도를 적극 지지하는 입장에서 분석한 현 복지 제도의 한계에 대해서는 다음 자료를 참고하라. Gøsta Esping-Andersen, *The Three Worlds of Welfare Capitalism*, Princeton University Press, 1990, pp. 9~34.

3   닉 서르닉과 알렉스 윌리엄스의 《미래를 발명하다》 표지에 쓰인 슬로건이다.

4   Martin Ford, *Rise of the Robots: Technology and the Threat of a Jobless Future*, Basic Books, 2015, pp. 246~284; Andrew Yang, *The War on Normal People: The Truth about America's Disappearing Jobs and Why Universal Basic Income Is Our Future*, Hachette, 2018, p. xvii; Peter Frase, *Four Futures: Life after Capitalism*, Verso, 2016, pp. 48~49. 보다 확장된 논의는 다음 자료를 참고하라. Manu Saadia, *Trekonomics: The Economics of Star Trek*, Inkshares, 2016, pp. 65~86. 이런 상상은 과거 소련이 제시한 비전에서 영감을 얻었을 가능성이 있다. 1961년 니키타 흐루쇼프는 소련이 20년 내로 공산주의 사회를 실현하리라 주장했다. 같은 해 SF 소설가 스트루가츠키 형제는 이에 호응하듯 《정오: 22세기Noon: 22nd Century》(Macmillan, 1978 [1961])라는 걸작 단편집을 펴내 우주로 진출하는 미래 공산주의 사회를 묘사했고, 이후로도 《신이 되기는 어렵다Hard to Be a God》(Eyre Methuen, 1975 [1964]) 등의 작품집을 통해 비슷한 이야기를 다루었다. 우주를 누비는 공산주의자에 대한 상상은 1987년에 나온 〈스타 트렉〉과 이언 M. 뱅크스의 〈컬처〉 시리즈의 모델이 되었다고 볼 수 있다.

5   Thomas More, *Utopia*, 2nd ed., Yale University Press, 2014, pp. 47, 132.

6   해먼드는 1858년 고된 허드렛일은 노예에게 맡겨야 하며, 그래야만 사회의 나머지 계층이 시궁창 위로 올라설 수 있다는 밑바닥 이론을 주장했다. 이에 대해서는 다음 자료를 참고하라. Elizabeth Anderson, *Private Government*, Princeton University Press, 2017, pp. 30~31. 더불어 다음 자료 또한 참고하라. W.E.B. Du Bois, *Darkwater: Voices from within the Veil*, Dover, 1999 [1920], p. 69.

7   More, *Utopia*, pp. 60~72; Étienne Cabet, *Travels in Icaria*, Syracuse University Press, 2003 [1840], pp. 80~89; Karl Marx, *Grundrisse: Foundations of a Critique of Political Economy*, Penguin, 1993, pp. 707~712;

Karl Marx, *Capital*, vol. 3, Penguin, 1991, pp. 958~959; Peter Kropotkin, *The Conquest of Bread*, Cambridge University Press, 2015, pp. 99~112. 다음 자료는 카베와 크로포트킨을 다루지 않지만 관련 논의를 개괄한다. Edward Granter, *Critical Theory and the End of Work*, Ashgate, 2009, esp. pp. 31~67. 이 책에서는 샤를 푸리에, 윌리엄 모리스, 헤르베르트 마르쿠제 같이 근본적으로 모든 노동을 놀이로 바꾸면 사회 영역들을 통합할 수 있다고 보는 사상가들을 다루지 않는다. 내 생각에 단일 영역으로 이루어진 탈희소성 사회란 전체주의적인 동시에 지나치게 유토피아적(나쁜 의미로)이다.

8   이 인용문의 출처는 다음과 같다. Marx, *Capital*, vol. 1, p. 532. 이 밖에 다음 자료들을 참고하라. William Booth, "The New Household Economy", *American Political Science Review*, vol. 85, no. 1, March 1991, pp. 59~75; Claudio Katz, "The Socialist Polis: Antiquity and Socialism in Marx's Thought", *Review of Politics*, vol. 56, no. 2, 1994, pp. 237~260.

9   More, *Utopia*, pp. 75~79(노예의 '황금 사슬'); 117(초기 기독교도들); 47(화폐와 사유재산 폐지); 19~25(인클로저 현상); 66(자유). 마르크스는《자본론》에서 모어가 말한 '황금 사슬'을 간접적으로 언급한다. 이에 대해서는 다음을 참고하라. Marx, *Capital*, vol. 1, p. 769. 마르크스의 선구자로서 모어에 관해서는 다음 자료를 참고하라. William Morris, "Foreword to Thomas More's Utopia" [1893], in William Morris, *News from Nowhere and Other Writings*, Penguin Classics, 1993, pp. 371~375.

10   Robert Sutton, "Introduction", in Cabet, *Travels in Icaria*, p. x.

11   David Gregory, "Karl Marx's and Friedrich Engels' Knowledge of French Socialism in 1842 – 1843", *Historical Reflections*, vol. 10, no. 1, Spring 1983, pp. 143~193; Bruno Liepold, "Citizen Marx: The Relationship between Karl Marx and Republicanism", PhD Diss., University of Oxford, 2017.

12   Frank Manuel and Fritzie Manuel, *Utopian Thought in the Western World*, Harvard University Press, 1979, p. 712.

13   다음 자료를 참고하라. Paul Corcoran, ed., *Before Marx: Socialism and Communism in France*, Macmillan, 1983. 마르크스는 정치사상을 형성하는 과정에서 자신을 다른 방향으로 이끌 수도 있었던 두 경향에 맞섰다. 한쪽은 기계가 이미 인간의 노동을 대체하고 있다고 주장한 당대의 자동화 이론가들(에슐러, 우레, 배비지 등)이다. 이들은 기계가 인간을 대체하면 불가피한 노동이 사라

지고 완전히 자유로운 개인들의 세상이 열리리라 보았지만 마르크스는 이에 반대했다. 다른 한쪽은 후기자본주의 사회에는 노동이 놀이로 바뀌며 필요의 영역이 자유의 영역으로 흡수될 것이라 상상한 푸리에주의자들이다. 마르크스는 이러한 공동체주의적 입장에 반대했고, 푸리에와 달리 필요는 공동의 돌봄과 통제하에 충족될 수 있을지언정 놀이로 환원될 수는 없다고 주장했다. 이렇듯 자유와 필요의 영역을 분리한다는 점에서 마르크스는 모어주의자라고 볼 수 있다.

14 Karl Marx and V.I. Lenin, *The Civil War in France: The Paris Commune*, International Publishers, 1989 [1871]; Raya Dunayevskaya, *Marxism and Freedom*, Humanity Books, 2000, pp. 92~102.

15 Kristin Ross, *Communal Luxury: The Political Imaginary of the Paris Commune*, Verso, 2015, pp. 91~116.

16 다음 자료들을 참고하라. Otto Neurath, "Through War Economy to Economy in Kind" in Marie Neurath and Robert Cohen, eds., *Otto Neurath: Empiricism and Sociology*, D. Reidel Publishing, 1973; Du Bois, *Darkwater*, pp. 56~59, 69; John Dewey, *Liberalism and Social Action*, Prometheus, 2000 [1935], pp. 37~60; Karl Polanyi, *The Great Transformation*, Beacon, 2001 [1944], pp. 257~268. 이 밖에도 다음 자료를 참고하라. Marcel van der Linden, "The Prehistory of Post-Scarcity Anarchism: Josef Weber and the Movement for a Democracy of Content (1947~1964)", *Anarchist Studies*, no. 9, 2001, pp. 127~145. 사회주의 계산 논쟁은 1920년 루트비히 폰 미제스에 의해 처음 시작되었다. 미제스는 사회주의 체제하에서는 여러 생산 방식 가운데 무엇을 선택할지에 관해 합리적 판단을 내릴 수 없다고 비판하였으며, 다른 생산 공정에 투입되는 재화를 생산할 때는 특히 문제가 두드러진다고 주장했다.

17 Edward Bellamy, *Looking Backward, 2000-1887*, Oxford, 2007 [1888], pp. 39~44.

18 "쓰레기 수거를 누군가 몇 년 동안 해야 하는 노동으로 취급하기를 멈추는 것은 단순한 일자리 순환 이상의 중대한 의미를 갖는다. 이는 쓰레기를 만들고 처리하는 과정과 논리 자체에 변화를 가져올 수 있다." Gilles Dauvé, *Eclipse and Re-Emergence of the Communist Movement*, PM Press, 2015, p. 54.

19 크리스틴 로스가 주장한 '공동의 호사'는 "완전 자동화"가 필요 없는 "화려한 공산주의"를 연상시킨다.

20 James Klagge, "Marx's Realms of Freedom and Necessity", *Canadian Journal*

of Philosophy, vol. 16, no. 4, 1986, pp. 769~778.

21 More, *Utopia*, pp. 67~68. 다음 자료 또한 참고하라. Kropotkin, *Conquest of Bread*, pp. 58~63.

22 James Boggs, "The American Revolution" (1963), in Stephen Ward, ed., *Pages from a Black Radical's Notebook: A James Boggs Reader*, Wayne State University Press, 2011, p. 110.

23 More, *Utopia*, p. 130.

24 이러한 주장에 관해서는 다음 저서의 2부를 참고하라. Martin Hägglund, This Life: Secular Faith and Spiritual Freedom, Pantheon, 2019. 특히 221~237쪽, 301~325쪽에서 저자는 민주사회주의에서 필요와 자유의 영역이 어떤 위치를 차지하는지를 설명하는데, 이는 탈희소성 사회에서 두 영역이 차지하는 위치에 관한 이 책의 주장과 유사하다.

25 Saadia, *Trekonomics*, p. 40.

26 Kropotkin, *Conquest of Bread*, pp. 138~139.

27 Daniel Pink, *Drive: The Surprising Truth about What Motivates Us*, Riverhead, 2009.

28 다음 자료들을 참고하라. John O'Neill, *The Market: Ethics, Knowledge, and Politics*, Routledge, 1998; Daniel Saros, *Information Technology and Socialist Construction*, Routledge, 2014; Evgeny Morozov, "Digital Socialism?", *New Left Review 116/117*, S2, March – June 2019. 이런 사안들을 이해하고 가능성 있는 해결책들을 찾도록 아낌없는 도움을 준 비외른 베스터가드에게 감사를 전한다. 이와 관련해서는 다음 자료를 참고하라. Björn Westergard, "Review: People's Republic of Walmart", *The Machinery Question*, August 28, 2019. 해당 자료는 machineryquesiton.com에서 이용 가능하다.

29 이 점에서 "평등은 개인주의를 해치는 것이 아니라 가능케 하는 조건이다." Ross, *Communal Luxury*, p. 108. 이 밖에도 다음 자료들을 참고하라. More, *Utopia*, pp. 61~62; Marx, *Grundrisse*, pp. 711~712; Marx, *Capital*, vol. 1, pp. 532~533; Kropotkin, *Conquest of Bread*, pp. 99~112.

30 Theodor Adorno, *Minima Moralia: Reflections from Damaged Life*, Verso,

2005, p. 157.

31 희소성이 사라진 세상에서 사람들은 억압을 벗어나 자유를 찾을 기회를 얻는 다. "내가 어딘가에서 고통에 시달려 그곳을 떠나려 한다면 누가 나를 막겠는 가?" Jean-Jacques Rousseau, *The Discourses and Other Early Political Writings*, Cambridge University Press, 1997, p. 158. 다음 자료 또한 참고하라. Cory Doctorow, *Walkaway*, Tor, 2017.

32 Stanley Aronowitz et al., "The Post-Work Manifesto", in Stanley Aronowitz and Jonathan Cutler, eds., *Post-Work: The Wages of Cybernation*, London 1998.

33 Saadia, *Trekonomics*, p. 61.

34 Michael Lebowitz, *The Socialist Alternative: Real Human Development*, Monthly Review, 2010, pp. 31~45.

35 아래의 소설은 희소성이 존재하는 가운데 세워진 유토피아를 묘사한다. Ursula K. Le Guin, *The Dispossessed: An Ambiguous Utopia*, HarperCollins, 1994. 프레드릭 제임슨은 어슐러 르귄의 소설에서 나타나는 '세계 축소world reduction'를 지적한 바 있는데, 이에 관해서는 다음 자료를 참고하라. Fredric Jameson, *Archeologies of the Future: The Desire Called Utopia and Other Science Fictions*, Verso, 2007, pp. 267~280. 이 밖에도 다음 자료를 참고하라. Frase, *Four Futures*, pp. 91~119.

36 대부분의 기본소득 이론가들도 결국에는 이 점을 인정한다. 일례로 다음 자료 를 참고하라. Philippe van Parijs and Yannick Vanderborght, *Basic Income: A Radical Proposal for a Free Society and a Sane Economy*, Harvard University Press, 2017, p. 246.

후기 변화의 주체

1 Robert J. van der Veen and Philippe van Parijs, "A Capitalist Road to Communism", *Theory and Society*, vol. 15, no. 5, 1986, pp. 652~653; Nick Srnicek and Alex Williams, *Inventing the Future: Postcapitalism and a World without Work*, Verso, 2015, pp. 9~13. 덜 급진적인 자동화 이론가들은 사회 투

쟁을 과소평가하는 수준을 넘어 적대감을 드러내기까지 한다. 앤드루 양은 오늘
날 "자동화 중심 경제가 저변에서 작동하는 가운데 인종과 정체성에서 비롯한" 사
회 투쟁만이 가능하다고 주장한다. 그러면서 그는 한 가지 공포스러운 가능성을 제
시한다. 과학기술 변화로 일자리를 잃을 상황에 처한 트럭 운전사들이 시위를 조
직해 도로를 봉쇄하면 총기 난사와 징세 반대 시위가 줄을 잇고, 반유대주의를 부
추기는 영상이 인터넷을 통해 퍼지며, 인종주의 국가를 건설해 더 단순한 삶으로
되돌아가자고 주장하는 종족민족주의자들이 세력을 키우는 상황이 차례로 벌어
지리라는 것이다. 이에 대해서는 다음 자료를 참고하라. Andrew Yang, *The War
on Normal People: The Truth about America's Disappearing Jobs and Why
Universal Basic Income Is Our Future*, Hachette, 2018, pp. 158~159.

2   Wolfgang Streeck, "How Will Capitalism End?", *New Left Review*, no. 87, S2,
    May – June 2014, p. 48.

3   다음 자료들은 이 같은 운동들을 한데 묶어 상세히 연구하려는 시도를 보여준
    다. Paul Mason, *Why It's Still Kicking Off Everywhere: The New Global
    Revolutions,* Verso, 2013; Manuel Castells, *Networks of Outrage and Hope:
    Social Movements in the Internet Age,* 2nd ed., Wiley, 2015; Endnotes, "The
    Holding Pattern", *Endnotes*, no. 3, 2013; Göran Therborn, "New Masses?",
    New Left Review, no. 85, S2, Jan – Feb 2014. 2019년에 번진 시위의 물결에
    대해서는 다음 자료들을 참고하라. Jack Shenker, "This Wave of Global Protest
    Is Being Led by the Children of the Financial Crash", *Guardian*, October
    29, 2019; Robin Wright, "The Story of 2019: Protests in Every Corner of the
    Globe", *New Yorker*, December 31, 2019.

4   Paul Mason, *Postcapitalism: A Guide to Our Future*, FSG, 2015, p. 29.

5   Gay Seidman, *Manufacturing Militance: Workers' Movements in Brazil and
    South Africa, 1970–1985*, UC Press, 1994.

6   일례로 다음 자료를 참고하라. Kim Moody, *On New Terrain: How Capital Is
    Reshaping the Battleground of Class War*, Haymarket, 2017.

7   Federico Rossi, *The Poor's Struggle for Political Incorporation: The
    Piquetero Movement in Argentina*, Cambridge University Press, 2017.

자동화와 노동의 미래

자동화와 노동의 미래
Automation and the Future of Work

초판 1쇄 발행 2022년 1월 21일
초판 3쇄 발행 2022년 3월 7일

지은이   아론 베나나브
옮긴이   윤종은

펴낸이   김현태
펴낸곳   책세상
등록   1975년 5월 21일 제2017-000226호
주소   서울시 마포구 잔다리로 62-1, 3층(04031)
전화   02-704-1250(영업), 02-3273-1334(편집)
팩스   02-719-1258
이메일   editor@chaeksesang.com
광고·제휴 문의   creator@chaeksesang.com
홈페이지   chaeksesang.com
페이스북   /chaeksesang 트위터 @chaeksesang
인스타그램   @chaeksesang 네이버포스트 bkworldpub

ISBN 979-11-5931-811-5   03300